JN287397

おいしい！やせるレシピ

1日1200kcalの節約クッキング 105

岩﨑啓子

はじめに

　食べることは、人生の大きな楽しみのひとつです。ダイエット中でも、おいしいものをしっかり食べたいと思うのは、ごく当然のこと。第一、まずいものを我慢して食べたり、空腹に耐えたりするダイエットなんて、長続きするはずがありません。

　この本では、まず「おいしく、おなかいっぱい食べる」ダイエットを目指しました。次にこだわったのが、時間と費用です。特別な調理道具を使わず、簡単にすぐ作れて、リーズナブルなダイエットレシピを考えました。

　本の構成は、「メインディッシュ」と「サブディッシュ」が2本の柱になっています。その他、ひと皿で栄養が取れる「ワンディッシュメニュー」、ダイエット中でも食べられる「超ローカロリーのおやつ」も紹介しています。

　この本を上手に利用して、楽しくダイエットに取り組んでください。そうすれば、スムーズに確実にやせることができるはずです。

この本の使い方

この本で紹介しているのは、1日1200kcalを基本にしたダイエットメニューです。「メインディッシュ＋サブディッシュ＋主食」を1日3回食べて、合計のカロリーが1200kcal程度になるようにメニューを立てます。毎日のメニューを考えるときは、メインディッシュとサブディッシュの中から、食べたい料理を選んで自由に組み合わせてください。この本の使い方については、「1日1200kcalメニューの作り方」(145～153ページ)で詳しく説明しているので、ダイエットを始めるときは必ず読むようにしましょう。

＊メニューに表示してあるカロリー・調理時間（加熱時間を除く）・材料費（調味料を除く）はすべて1人分です（時間・材料費は概算）
＊レシピの材料は特別に明記してあるもの以外は1人分です
＊電子レンジの調理時間は500wのものを基準にしています

CONTENTS

ある日の1200kcalメニュー　4

200kcal以下の
メインディッシュ

牛肉とトマトのオイスターソース炒め　8
牛肉の香味焼きレタス包み　10
牛肉と水菜のハリハリ鍋　11
豚肉とにんにくの茎のキムチ炒め　12
しいたけシューマイ　14
豚肉とキャベツの重ね煮　15
豚肉のトマト南蛮漬け　16
豚ヒレ肉のソテー、オレンジソース　18
豚肉のピーナッツバター炒め　19
エスニック焼きとり　20
鶏肉とカリフラワーのカレー煮　22
ささ身のきのこ巻き揚げ　23
チキンのガーリックソテーサラダ　24
鶏肉とチンゲンサイの塩炒め　26
鶏だんご入りポトフ　27
ハムとじゃがいものせん切り炒め　28
あじの野菜巻き焼き　30
さけとブロッコリーのピリ辛あん炒め　32
さけときのこのシチュー　33
さばのねぎみそ煮　34
さんまの塩焼き、梅じそおろしかけ　36
さんまと切り昆布のしょうが煮　37
たらとあさりのアクアパッツァ　38
まぐろと水菜のサラダ　40
まぐろのたたきカルパッチョ風　41
いかとセロリ、アスパラガスのチリソース炒め　42
えびだんごのせ豆腐蒸し　44
あさりとねぎのチーズ炒め　46
青菜とさけフレーク入り卵焼き　48
目玉焼き入りキャベツとベーコンのスープ　50
ほうれんそうと油揚げの卵とじ　52
トマト目玉焼き　53
あんかけ茶わん蒸し　54
豆腐チャンプルー　56
豆腐のソテーなめこあんかけ　58
豆腐の落とし焼き　59
イタリア風冷ややっこ　60
豆腐とコーンの塩昆布炒め　62

焼き生揚げのバンバンジーソースかけ　63
納豆入り生春巻き　64
おいしいダイエット・レシピの秘密①　66

100kcal以下の サブディッシュ

アスパラガスのチーズ焼き　68
アスパラガスとわかめのしょうが風味煮　70
かぼちゃとセロリのおかか炒め　71
かぼちゃのカレーミルクスープ　72
キャベツのナムル　74
キャベツとちくわの煮びたし　75
キャベツと卵のスワンラータン　76
きゅうりとほたて缶の三杯酢あえ　78
きゅうりの梅おかかあえ　79
きゅうりのからしあえ　79
きゅうりのザーサイあえ　79
きゅうりのレンジピクルス　80
ごぼうのソース炒め　81
ごぼうとじゃこの煮物　82
春菊とレタスの和風サラダ　84
春菊と豆腐のザーサイあえ　85
大根のかにあんかけ　86
大根と桜えびのねぎ炒め　87
トマトと玉ねぎのサラダ　88
プチトマトのガーリック炒め　90
焼きなすのエスニック風サラダ　91
カポナータ　92
にんじんとグレープフルーツのサラダ　94
にんじんとさやえんどうのケチャップ炒め　95
白菜とえびのミルク煮　96
白菜とささ身のごまサラダ　98
ピーマンと油揚げの炒め煮　99
ブロッコリーとアンチョビのガーリック蒸し煮　100
ブロッコリーのごまからしあえ　102
ほうれんそうのピーナッツ酢みそかけ　103
ほうれんそうとコーンのおろしあえ　104
もやしとウィンナのカレー炒め　106
もやしのメンマあえ　107
きのこたっぷりけんちん汁　108
きのこのトマトチーズ焼き　110
しめじとかぶのスープ煮　111
さつまいもとあんずの甘煮　112

ごま風味レンジポテト　113
じゃがいものめんたいこあえ　114
こんにゃくとピーマンのきんぴら　116
しらたきと万能ねぎのおかか炒め　117
わかめと牛肉のスープ　118
わかめ、たこ、きゅうりのにんにく酢あえ　120
ひじきの中華漬け　121
冷凍野菜ミックスのホットサラダ　122
おいしいダイエット・レシピの秘密②　124

400kcal以下の ワンディッシュメニュー

お刺し身サラダちらし　126
ドライカレー風かけご飯　128
ほたてとブロッコリーのトマトチャーハン　130
中華鶏そば　131
ほうとう風うどん　132
いか、あさり、キャベツのスパゲティ　134
ペンネのきのこ入りミートソースあえ　136
ガーリックトースト入りシーザーサラダ　138
シュリンプベーグルサンド　139
おいしいダイエット・レシピの秘密③　140

ダイエット中でも甘いものが食べたいから 超ローカロリーのおやつレシピ

オレンジのフルフルゼリー　142
りんごのカラメルソテー　142
カプチーノプリン　143
ココナッツパンプキン　144

1日1200kcalメニューの作り方

あなたはほんとうに1日1200kcalでOKですか？　146
栄養のことを忘れては、きれいにやせられません　148
主食は毎日、必ず取るようにしましょう　150
汁ものがほしいときのおすすめメニュー　152
小松菜とえのきのみそ汁／かぶのみそ汁／キャベツ、わかめ、さやえんどうのみそ汁／しいたけと菜の花のすまし汁／豆腐とみつばのすまし汁／マッシュルームとトマトのスープ／玉ねぎとコーンのスープ
困ったときのダイエットQ&A　154

カロリー・インデックス　158

ダイエット中でも、こんなに食べられます
ある日の1200kcalメニュー

1日たったの1200kcalでも、上手に料理すれば、意外にボリュームのある食事を取ることができます。ここでは、本文で紹介している料理を組み合わせて、1日1243kcalのモデルメニューを立ててみました。メニューの作り方は145～153ページを参照してください。

朝

ボリュームのある和食メニューで1日を元気にスタートする

★メニュー
- 青菜とさけフレーク入り卵焼き —— 163kcal 48ページ
- ひじきの中華漬け —— 44kcal 121ページ
- 小松菜とえのきのみそ汁 —— 31kcal 152ページ
- ご飯（100g） —— 168kcal

朝からしっかり食べたいときのダイエットメニュー。卵焼きやみそ汁には青菜を入れているので、ビタミンがたくさん取れます。サブディッシュはひじきの中華漬け。みそ汁のえのきと合わせ、食物繊維も補給できるメニューです。お昼が外食で野菜不足になりがちな人は、とくに朝食のときにきちんと食べておきましょう。

朝食DATA
エネルギー **406**kcal
調理時間　15分
材料費　203円

昼

お弁当を開けるのが楽しみな
ベーグルのサンドイッチ

ダイエットをするのなら、外食はなるべく避けたいもの。といっても、時間のない朝に、お弁当を作るのは大変です。そこで、簡単に作れて、ローカロリーのベーグルサンドをお弁当にしてみました。シュリンプがぎっしり入っているので、ボリュームも満点。プチトマトと牛乳を添えれば、栄養バランスもぐっとよくなります。

★メニュー
シュリンプベーグルサンド ──── 322kcal 139ページ
牛乳（低脂肪乳200ml） ──── 97kcal

昼食 DATA

エネルギー
419kcal
調理時間　5分
材料費　512円

夜

ちょっぴり豪華なメニューで
ゆったりと夕食を楽しむ

★メニュー
牛肉とトマトのオイスターソース炒め ── 159kcal 8ページ
キャベツのナムル ─────────── 46kcal 74ページ
きのこたっぷりけんちん汁 ──────── 45kcal 108ページ
ご飯（100g） ──────────── 168kcal

夕食DATA
エネルギー
418kcal
調理時間 25分
材料費 401円

ダイエットをしているからといって、「食べる楽しみ」をあきらめる必要はありません。夕食には、牛肉をオイスターソースで炒めたリッチなメインディッシュを用意しました。サブディッシュはさっぱりとキャベツのナムル。超ローカロリーなのに、ボリュームのあるけんちん汁を組み合わせて、時間をかけて楽しみましょう。

ごちそうさまでした。

ダイエットメニューであることを忘れそうなほど、ボリュームも味も大満足の1日でした。野菜もしっかり食べたので、栄養バランスも問題なし。明日もまたおいしく食べて、やせましょう！

200kcal以下の メインディッシュ

ダイエットをしていても
リッチな主菜が
食べたいから。

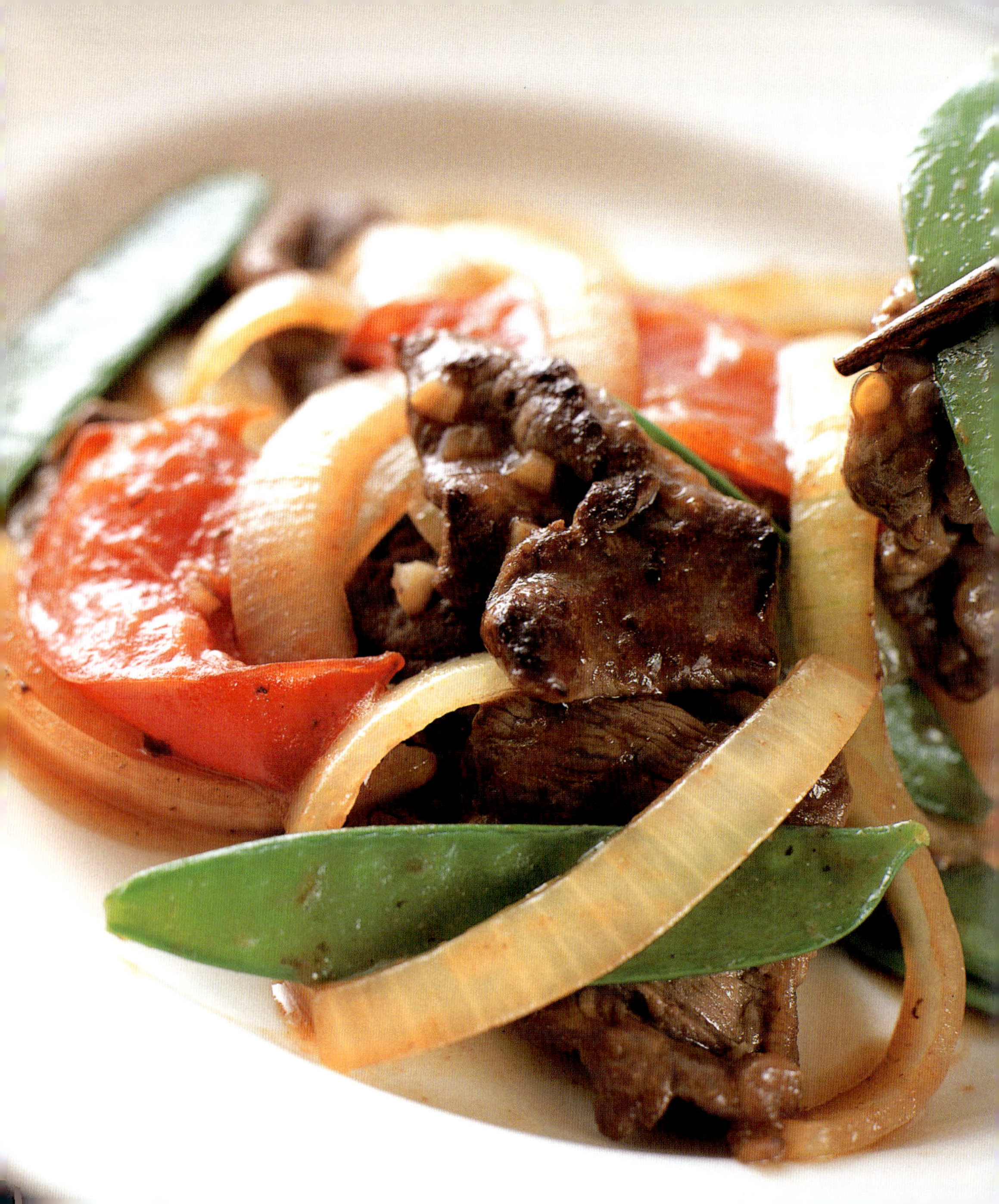

牛肉とトマトのオイスターソース炒め

牛肉と相性がいいオイスターソースを使った一品。トマト、さやえんどう、玉ねぎの鮮やかなトリコロールカラーが、おいしさを誘います。

材料

牛もも肉赤身薄切り ………… 60g
[しょうゆ・酒各小さじ½、片栗粉小さじ⅕]
玉ねぎ ………………………… 30g
トマト ……………………… 小½個（50g）
さやえんどう ………………… 20g
にんにく ……………………… ¼片
調味料
　┌オイスターソース ………… 小さじ1½
　│しょうゆ …………………… 小さじ½
　│酒 …………………………… 大さじ1
　└こしょう …………………… 少々
ごま油 ………………………… 小さじ⅔

作り方

1　牛肉はひと口大に切り、しょうゆと酒を混ぜ合わせて下味をつけ、片栗粉を混ぜておく。
2　玉ねぎは太めのせん切り、トマトはくし形に切る。さやえんどうはすじを取って、ラップに包み、電子レンジで20秒加熱する。にんにくはみじん切りにして、調味料は混ぜ合わせる。
3　フライパンにごま油とにんにくを入れて弱火にかけ、香りが出たら1を炒めて色が変わったところで、玉ねぎを加えて炒め合わせる。さらに、トマト、調味料を加え、最後にさやえんどうを加えて炒め合わせる。

159 kcal
10分
268円

153 kcal　10分　248円

牛肉の香味焼き
レタス包み

お肉をレタスに包んでいただきます。この「包む」というところがポイント。普通の料理よりゆっくり食べるので、ダイエット向きなんです。

材料

牛もも肉赤身(焼き肉用) …… 80g
調味料
┌ 砂糖・しょうゆ ………… 各小さじ1
│ 酒 ……………………………… 小さじ½
│ にんにく(みじん切り) …… 少々
│ すりごま …………………… 小さじ½
│ 一味とうがらし …………… 少々
└ ごま油 ……………………… 小さじ¼
レタス ……………………………… 2枚
ねぎ ………………………………… 3cm

作り方

1　牛肉はひと口大に切り、調味料に混ぜ合わせておく。
2　フライパンを熱し、牛肉を両面焼く。
3　大きくちぎったレタス、せん切りにしたねぎとともに器に盛る。レタスの上に、焼いた肉とねぎをのせて包んで食べる。

牛肉と水菜のハリハリ鍋

野菜がいっぱい取れてローカロリーの鍋ものは、ダイエットには超おすすめ。ここで紹介するのは、水菜を使ったさっぱり品のいい鍋ものです。

材料

牛肉赤身(しゃぶしゃぶ用)… 80g
水菜………………………… 80g
ねぎ………………………… 30g
大根………………………… 40g
だし昆布…………………… 5cm
[水適宜]
酒…………………………… 大さじ1
ポン酢しょうゆ…………… 適宜

作り方

1 鍋に水とだし昆布を入れておく。
2 水菜は5～6cm長さに切り、ねぎは斜め薄切り、大根は皮むきで長い薄切りにする。
3 1を火にかけ、煮立ったら昆布を取り出して、酒を加え、肉と2を入れてさっと煮る。ポン酢しょうゆをつけて食べる。

156 kcal / 5分 / 331円

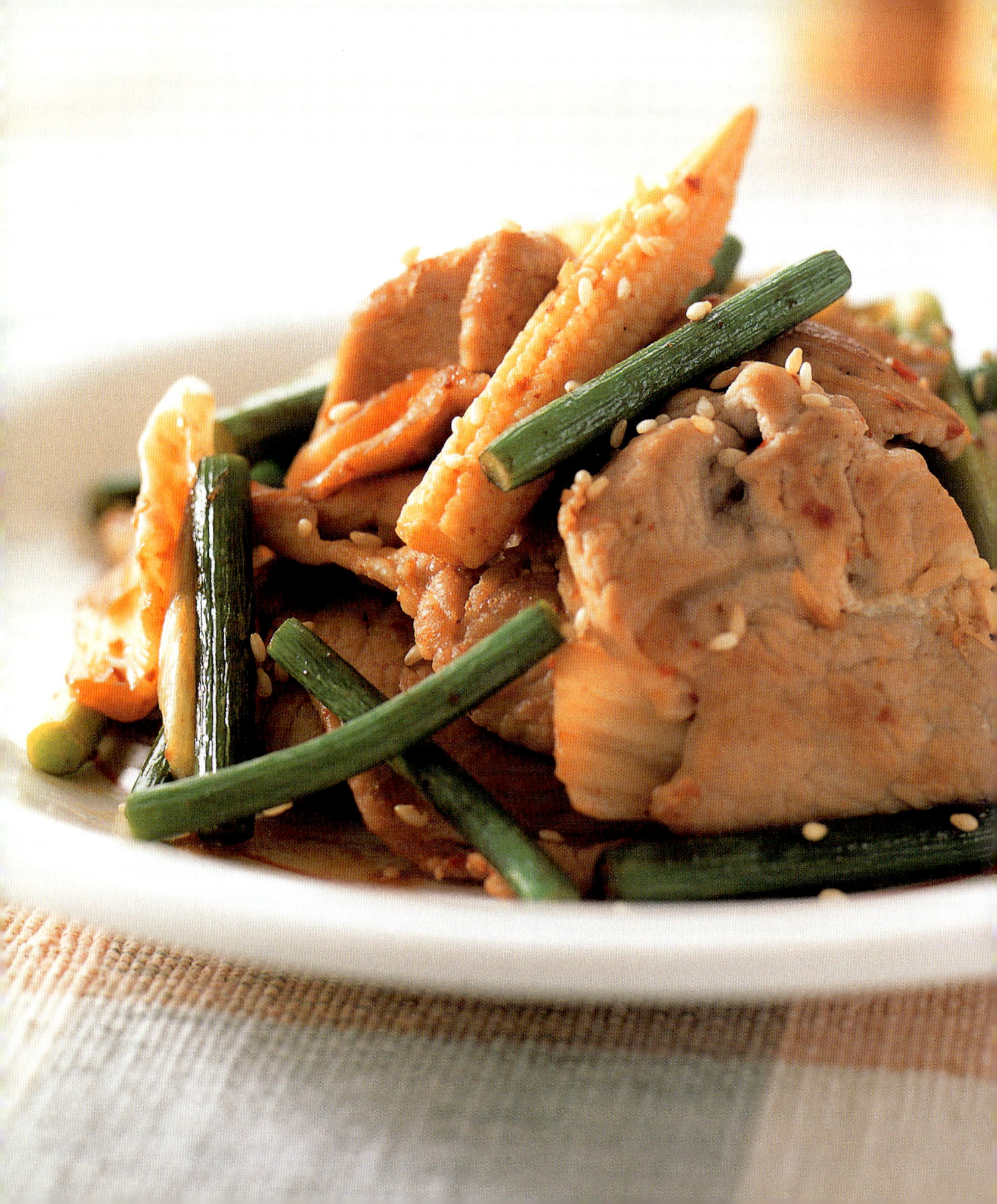

186 kcal

10分

224円

豚肉のおいしさを引き立ててくれるにんにくの茎。豚肉に含まれるビタミンB₁の吸収もよくしてくれるベストパートナーです。

材料

豚もも肉薄切り	70g
[しょうゆ・酒各小さじ½]	
にんにくの茎	50g
キムチ	40g
ねぎ	30g
ヤングコーン（缶）	20g
ごま油	小さじ1
酒	小さじ2
しょうゆ	小さじ½
ごま	少々

豚肉とにんにくの茎のキムチ炒め

お肉や野菜はざくざく切って、ササッと炒めるだけの簡単メニュー。いつもの炒めものとはひと味違う、キムチ風味がとっても新鮮です。

作り方

1　豚肉はひと口大に切り、しょうゆと酒を混ぜて下味をつける。
2　にんにくの茎は3〜4cmに切り、ラップに包んでから電子レンジで1分加熱する。
3　キムチはざく切りにして、ねぎは斜め薄切りにする。
4　フライパンにごま油を熱し、豚肉を炒めて色が変わったところで、2と3、ヤングコーン、酒を加えて炒め合わせ、しょうゆで調味する。
5　器に盛り、ごまをふる。

しいたけシューマイ

シューマイの皮の代わりに、しいたけを使っているからローカロリー。しいたけとお肉のうまみがミックスして、何ともいえないおいしさです。

155 kcal　**5分**　**245円**

材料

豚赤身ひき肉 ……………… 80g
生しいたけ ………………… 5個
[塩・こしょう各少々、片栗粉小さじ1/4]
玉ねぎ ……………………… 30g
[片栗粉小さじ1]
調味料
　┌ しょうゆ・酒 …………… 各小さじ1/2
　│ 塩・こしょう …………… 各少々
　│ しょうが汁 ……………… 小さじ1/5
　└ ごま油 …………………… 小さじ1/2
からし・しょうゆ ………… 適宜

作り方

1　生しいたけは軸を取り、笠の裏側に塩、こしょう、片栗粉をふっておく。
2　玉ねぎはみじん切りにし、片栗粉を混ぜ合わせておく。
3　ボウルにひき肉と調味料を入れ、ねばりが出るまで混ぜ合わせ、2を加えて混ぜる。
4　1に3をのせて、球状にまとめたら、耐熱皿に並べてラップをかけ、電子レンジで3分30秒加熱する。
5　器に盛り、からししょうゆを添える。

154 kcal 5分
86円

材料

豚もも肉薄切り	80g
キャベツ	2枚(200g)
しょうが(薄切り)	1枚
だし汁	¾カップ
酒	大さじ1
塩	小さじ⅕
しょうゆ	小さじ1

作り方

1　キャベツは芯を取り、1枚を4つに切る。豚肉はひと口大に切る。
2　鍋にキャベツと豚肉を交互に重ねて入れ、せん切りにしたしょうが、だし汁、酒、塩、しょうゆを加えて、ふたをして火にかける。沸騰したら、弱火にして15〜20分煮込む。
3　鍋から取り出して切り分け、器に盛って汁をかける。

豚肉とキャベツの重ね煮

ロールキャベツより簡単でおいしい肉とキャベツのコンビ。キャベツをたっぷり使っているので、野菜不足のときにぜひどうぞ。

豚肉のトマト南蛮漬け

緑黄色野菜をたっぷり使ったメインディッシュ。お肌にいいビタミンが豊富なので、美容のためにもおすすめの一品です。緑黄色野菜には、

材料

- 豚もも肉(ひと口カツ用) …… 80g
- [塩・こしょう各少々]
- ピーマン ………………… ½個
- にんじん ………………… 10g
- 玉ねぎ …………………… 30g
- ごま油 …………………… 小さじ1
- トマト …………………… 小½個(50g)
- しょうが(薄切り) ………… 2枚
- 赤とうがらし ……………… ¼本
- 調味料
  - ┌ しょうゆ・酢・だし汁 …… 各小さじ2
  - └ 砂糖 …………………… 小さじ¼

作り方

1　豚肉は塩、こしょうをふり、ピーマンは輪切り、にんじんは長めの短冊切り、玉ねぎは1cm幅のせん切りにする。
2　トマトはすりおろし、せん切りにしたしょうがの半量、輪切りにした赤とうがらし、調味料と混ぜ合わせる。
3　フライパンにごま油を熱し、肉を焼いて火を通したら、1の野菜を加えて炒める。
4　3を2のなかに入れて、10分くらい漬ける。
5　器に盛り、残りのしょうがをのせる。

漬け汁には、すりおろしたトマトを入れているので、ふつうの南蛮漬けよりマイルドな味わい。

178 kcal　10分　122円

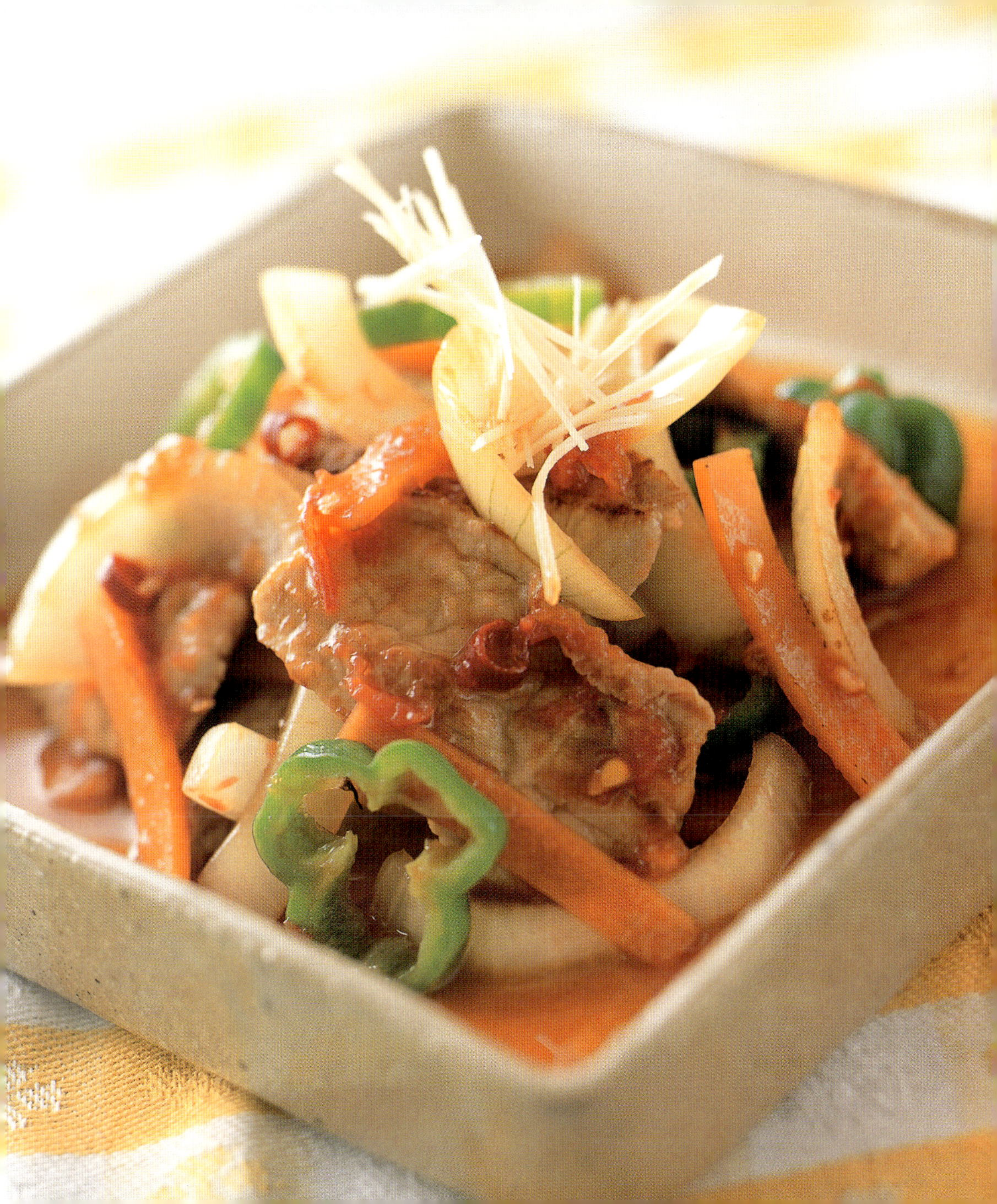

豚ヒレ肉のソテー、オレンジソース

やわらかく美味なヒレ肉を使ったソテーなら、ゲストのおもてなしにもぴったり。ソースの意外な隠し味が、おいしさの秘密です。

材料

豚ヒレ肉……………… 90g
[塩・こしょう各少々]
バター………………… 小さじ1
スナックえんどう…… 30g
ソース
　┌オレンジジュース… 大さじ2
　│バルサミコ酢……… 小さじ1
　│しょうゆ…………… 小さじ1/4
　└はちみつ…………… 小さじ1/2
片栗粉………………… 小さじ1/5
[水小さじ1/2]
マジョラム…………… 少々
*バルサミコ酢がなければ普通の酢で代用

作り方

1　ヒレ肉は3つに切り、塩、こしょうをふる。スナックえんどうはすじを取り、ラップに包んで、電子レンジで30秒加熱する。
2　フライパンにバターを溶かし、スナックえんどうを炒めて取り出したら、ヒレ肉を入れてきつね色にこんがり焼いて、火を通す。器に肉とえんどうを盛る。
3　2のフライパンにソースの材料を入れて煮立て、水溶き片栗粉でとろみをつける。
4　盛りつけた肉に3をかけ、マジョラムを添える。

173 kcal
15分
223円

179 kcal　10分　92円

材料

豚もも肉薄切り ……… 80ｇ
［塩少々］
調味料
　┌ ピーナッツバター … 小さじ1
　│ しょうゆ ………… 小さじ1
　└ 砂糖 ……………… 小さじ½
レタス ……………… 1枚
にんじん …………… 20ｇ
クレソン …………… 少々
サラダ油 …………… 小さじ½

作り方

1　豚肉はひと口大に切り、塩をふる。調味料は混ぜておく。
2　レタス、にんじんはせん切りにする。クレソンは葉の部分を摘んで、水につけてパリッとさせ、ざるに上げて水気を切る。
3　フライパンに油を熱して、豚肉を焼き、火が通ったら調味料を加えて混ぜ合わせる。
4　器に2、3を盛り合わせる。

豚肉のピーナッツバター炒め

ピーナッツバターのまろやかな風味がたまらない豚肉の炒めもの。野菜をたっぷり添えて、栄養バランスも完璧です。

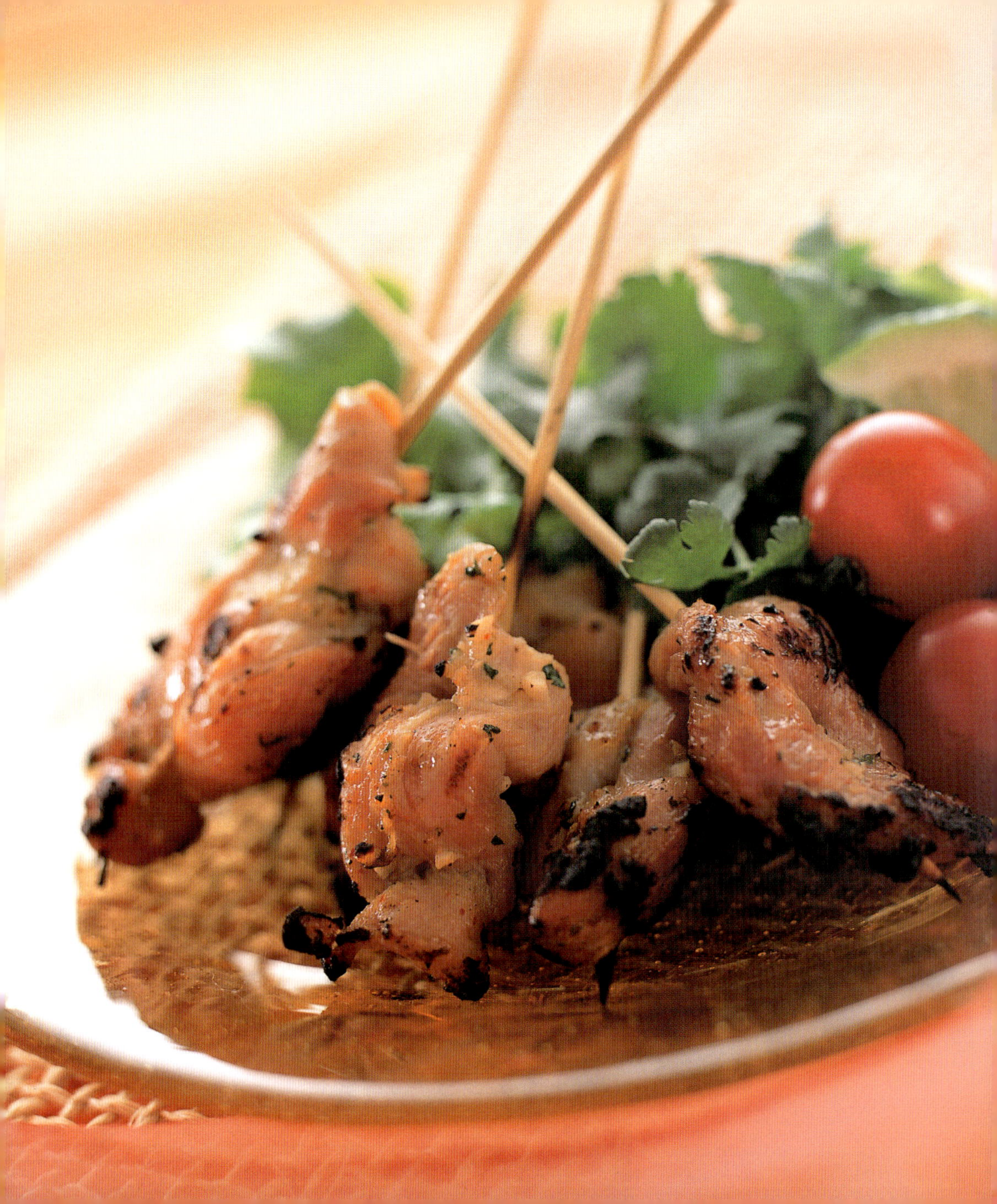

126 kcal 10分 114円

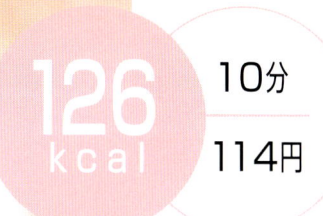

エスニック焼きとり

ナムプラーや香菜などを使ったエスニック風味の焼きとり。ホームパーティーのメニューにも加えたい、おしゃれな一品です。

材料

鶏もも肉（皮なし）………………… 80g
調味料
├ ナムプラー………………………… 小さじ2
├ 一味とうがらし…………………… 少々
├ すりごま…………………………… 小さじ1/3
├ にんにく・香菜（みじん切り）…… 各少々
└ 砂糖………………………………… 小さじ1/3
プチトマト…………………………… 3個
プリーツレタス……………………… 1枚
ライム………………………………… 1切れ
香菜（シャンツァイ）………………… 少々
*ナムプラーがない場合はしょうゆで代用

作り方

1　鶏肉は長めのひと口大に切り、調味料と混ぜ合わせ、5〜10分置く。
2　水でぬらした竹串に1を刺し、網で焼いて火を通す。
3　器に2とプチトマト、プリーツレタス、ライム、香菜を盛り合わせる。

鶏肉とカリフラワーのカレー煮

油ゼロのうれしい洋風メニュー。水を使わずに蒸し煮にしているので、お肉や野菜のコク、甘みがギュッと詰まっています。

133 kcal　5分　183円

材料

- 鶏もも肉（皮なし）……… 80g
  [塩小さじ1/6、こしょう少々]
- 玉ねぎ ……………………… 20g
- カリフラワー ……………… 40g
- ズッキーニ ………………… 40g
- パプリカ …………………… 30g

調味料
- 白ワイン ………………… 大さじ2
- カレー粉 ………………… 小さじ1/2
- ケチャップ ……………… 小さじ1
- 塩 ………………………… 小さじ1/5
- ローリエ ………………… 1/4枚
- にんにく ………………… 1/4片
- クローブ
- ブラックペッパー
- コリアンダー … 各少々
- クミン

作り方

1　鶏肉はひと口大に切り、塩、こしょうをすり込む。玉ねぎはくし形に切り、カリフラワーは小房に分け、ズッキーニは縦半分に切ってから3〜4cmに切る。パプリカは乱切りにする。

2　鍋に1と調味料を入れて混ぜ合わせ、ふたをして火にかける。鍋底がチリチリいってきたら、火を弱め、15〜20分、蒸し煮にする。

*クローブ、ブラックペッパー、コリアンダー、クミンがない場合は、こしょうでOK

*ズッキーニはなす（皮をむく）で、パプリカはピーマンで代用しても可

192 kcal　**10分**　**167円**

ささ身の きのこ巻き揚げ

揚げものでも、低カロリーのささ身ときのこを使えば大丈夫。低温の油で揚げると、油をいっぱい吸ってしまうので気をつけて。

材料

鶏ささ身……………………100g
[しょうゆ小さじ1、酒小さじ1/2、しょうが汁少々]
しめじ………………………40g
小麦粉………………………小さじ2/3
揚げ油………………………適宜
オクラ………………………2本
レモン………………………1切れ

作り方

1　鶏ささ身はすじを取ってから、包丁で開き、しょうゆ、酒、しょうが汁で下味をつける。
2　しめじは3等分し、1にのせて巻く。巻き終わりはようじで止め、小麦粉を全体に薄くつける。
3　180℃くらいに熱した油で、2を揚げる。
4　3を2つに切り、塩ゆでしたオクラ、レモンとともに盛り合わせる。

鶏肉

チキンのガーリックソテーサラダ

オリーブオイルやにんにくの風味が効いているので、油の少ないドレッシングでも物足りなさはありません。ブランチにおすすめです。

175 kcal　15分　147円

材料

- 鶏胸肉（皮なし） ………… 80g
- [塩、こしょう各少々]
- にんにく ………………… 1/4片
- オリーブオイル ………… 小さじ1/2
- レタス …………………… 30g
- ルッコラ ………………… 10g
- トマト …………………… 40g
- ドレッシング
  - バルサミコ酢 ………… 小さじ1/2
  - レモン汁 ……………… 小さじ1/2
  - オリーブオイル ……… 小さじ1
  - 塩・こしょう ………… 各少々
- 粉チーズ ………………… 小さじ1/2

*バルサミコ酢がなければ普通の酢で代用

作り方

1　鶏肉は塩とこしょうをふり、にんにくは薄切りにする。
2　フライパンにオリーブオイルとにんにくを入れ、弱火にかけて、にんにくがきつね色になるまで炒めてから取り出す。そのあとに鶏肉を入れ、両面をきつね色にこんがり焼いて火を通す。
3　レタス、ルッコラは手でちぎり、トマトはくし形に切る。
4　器に、3と、ひと口大に切った鶏肉を盛り合わせ、ドレッシングをかけて、粉チーズをふりかける。

にんにくの薄切りはオリーブオイルでよく炒めます。きつね色がおいしさのサインです。

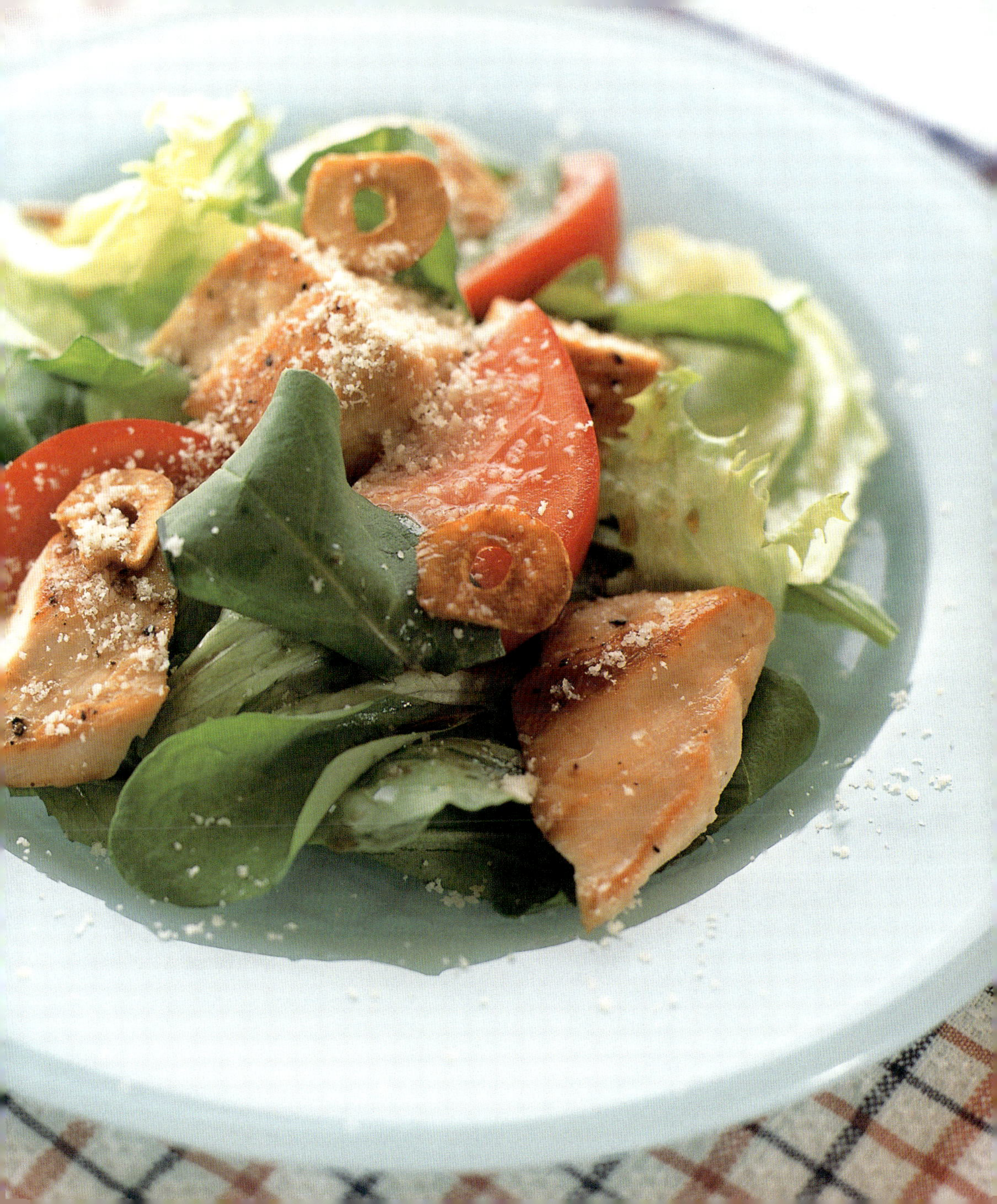

137 kcal　**15分** / **112円**

材料

鶏胸肉(皮なし)……………80g
[塩小さじ1/6、こしょう少々、片栗粉小さじ1/2]
しょうが(薄切り)…………1枚
チンゲンサイ………………80g
きくらげ……………………3個
ごま油………………………小さじ1
調味料
　┌中華スープの素………小さじ1/4
　│水……………………大さじ2
　│酒……………………大さじ1/2
　└塩……………………小さじ1/8

作り方

1　鶏肉は太めのせん切りにし、塩とこしょうをふって、片栗粉を混ぜ合わせてから、少量のお湯でゆでる。
2　しょうがはせん切り、チンゲンサイは4〜5cm長さに切る。きくらげは水で戻し、石づきを取る。
3　フライパンにごま油を熱し、2を炒めて、1を加え、調味料を入れて炒め合わせる。

鶏肉とチンゲンサイの塩炒め

さっぱり塩味で仕上げた中華風炒めもの。チンゲンサイはシャキシャキした食感が生きるように、炒めすぎに注意して。

ドーンと大きな肉だんごが1個入ったポトフは、野菜もたっぷり。
主食にこれ一品あれば、おなかも満足、栄養も満点です。

鶏だんご入りポトフ

160 kcal
10分
132円

材料

鶏ひき肉(赤身) …… 80g
[玉ねぎ30g、塩・こしょう各少々、生パン粉大さじ1]
セロリ ………… 30g
大根 …………… 40g
にんじん ……… 30g
キャベツ ……… 100g
スープ
┌コンソメの素 …… 1/4個
│水 …………… 1 1/2カップ
│塩 …………… 小さじ1/2
│こしょう ……… 少々
│ローリエ ……… 1/4枚
│タイム ………… 少々
└にんにく ……… 1/4片

作り方

1　玉ねぎはみじん切りにし、ひき肉、塩、こしょう、生パン粉と混ぜ合わせて丸める。
2　セロリはすじを取って3〜4cm長さに切り、大根は縦に4等分して、くし形に切る。にんじんは輪切り、キャベツはくし形に切る。
3　鍋にスープの材料と2を入れて火にかけ、沸騰したら1を入れてふたをし、弱火にして20〜30分コトコト煮る。

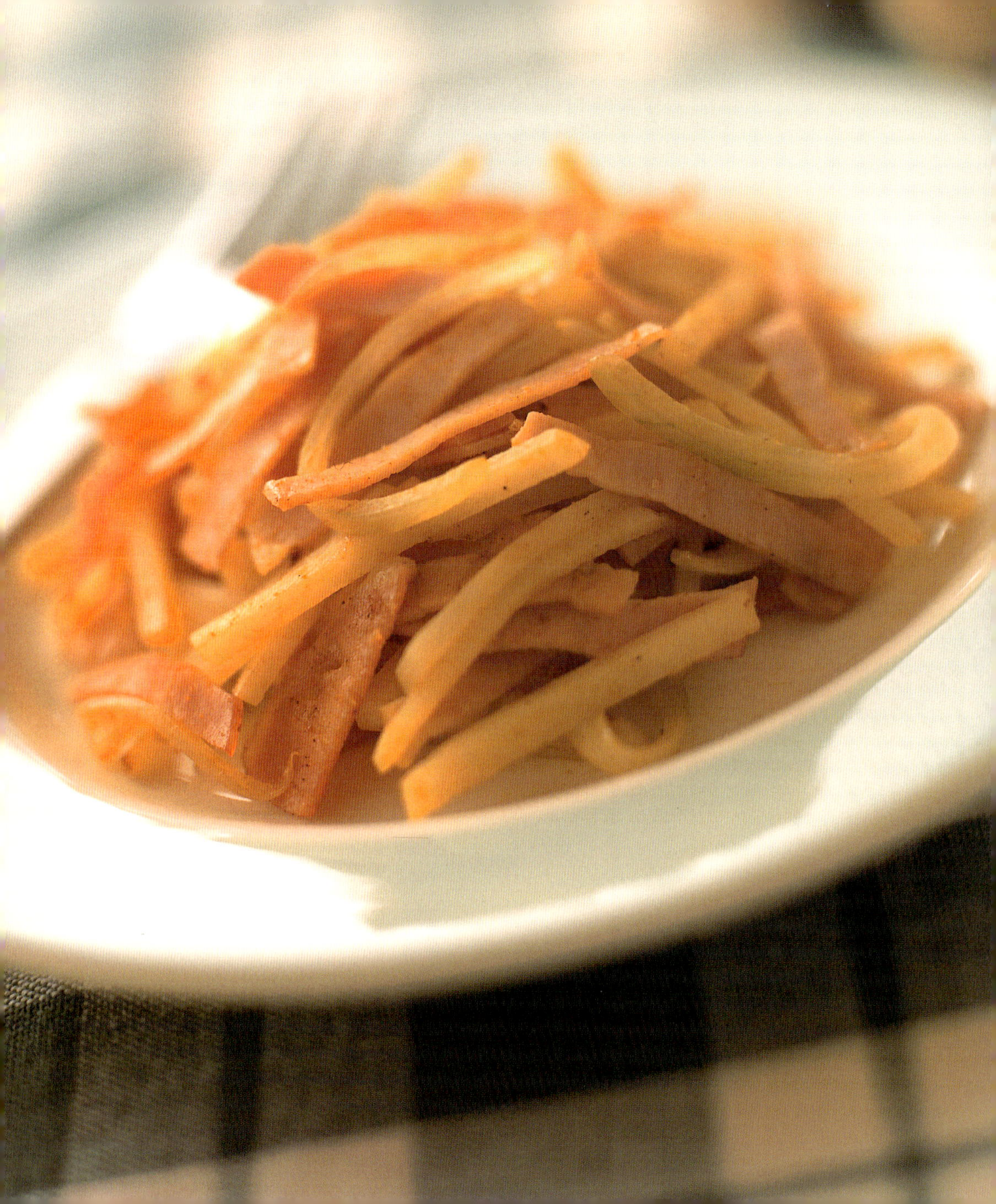

ハムとじゃがいものせん切り炒め

カレー風味の炒めものは、ウスターソースが隠し味。冷めてもおいしいので、お弁当のおかずにも向いています。

165 kcal　10分　140円

材料

- ハム …………………… 3枚(40g)
- じゃがいも …………………… 80g
- 玉ねぎ …………………… 30g
- バター …………………… 小さじ1
- カレー粉 …………………… 小さじ1/4
- ウスターソース ………… 小さじ1/2
- 塩 …………………… 小さじ1/5

作り方

1　ハム、じゃがいも、玉ねぎはせん切りにする。じゃがいもは水にさらす。
2　フライパンにバターを溶かし、玉ねぎとじゃがいもを炒め、ハムを加えて炒め合わせたら、カレー粉、ウスターソース、塩を加えて調味する。

肉加工品の上手な使い方

　ハムやソーセージなどの肉加工品は、高脂肪で高カロリー。とはいっても、時間のない朝などには便利な食品なので、取り過ぎに注意して上手に使いたいものです。
　ハムはいろいろな種類がありますが、脂肪の比較的少ないボンレスハムかロースハムを選ぶようにしましょう。1食分に使う量としては、ハムなら薄切り3枚(40g)、ウィンナソーセージは2本(30g)を目安に。
　なお、肉加工品のなかでも、ベーコンはとくに高カロリーなので、風味づけに少量使う程度にしましょう。

材料

あじ（3枚におろしたもの）… 80g
［塩小さじ1/8、こしょう少々］
ピーマン …………………… 1/2個（10g）
玉ねぎ ……………………… 20g
［塩・こしょう各少々、マヨネーズ小さじ1］
生パン粉 …………………… 小さじ2
パセリ（みじん切り）……… 小さじ1/4
レモン・イタリアンパセリ … 各少々

139 kcal　5分　165円

あじの野菜巻き焼き

あじの洋風メニューで、フライよりもずっと低カロリー。野菜はマヨネーズであえているので、あっさりしたあじによく合います。

作り方

1　ピーマン、玉ねぎはせん切りにし、ラップに包み、電子レンジで30秒加熱し、塩、こしょう、マヨネーズを混ぜ合わせる。
2　あじは塩、こしょうをし、1を1/2量ずつのせて巻き、ようじでとめる。
3　2をオーブントースターの天板にのせ、生パン粉、パセリを混ぜたものを上からかけ、約10分焼く。
4　器に盛り、レモンの輪切りとイタリアンパセリを添える。

あじは、上身、下身、中骨の3枚におろします。まず頭を落とし、中骨の上に包丁をあてて押すようにして、身と骨を切り離します。

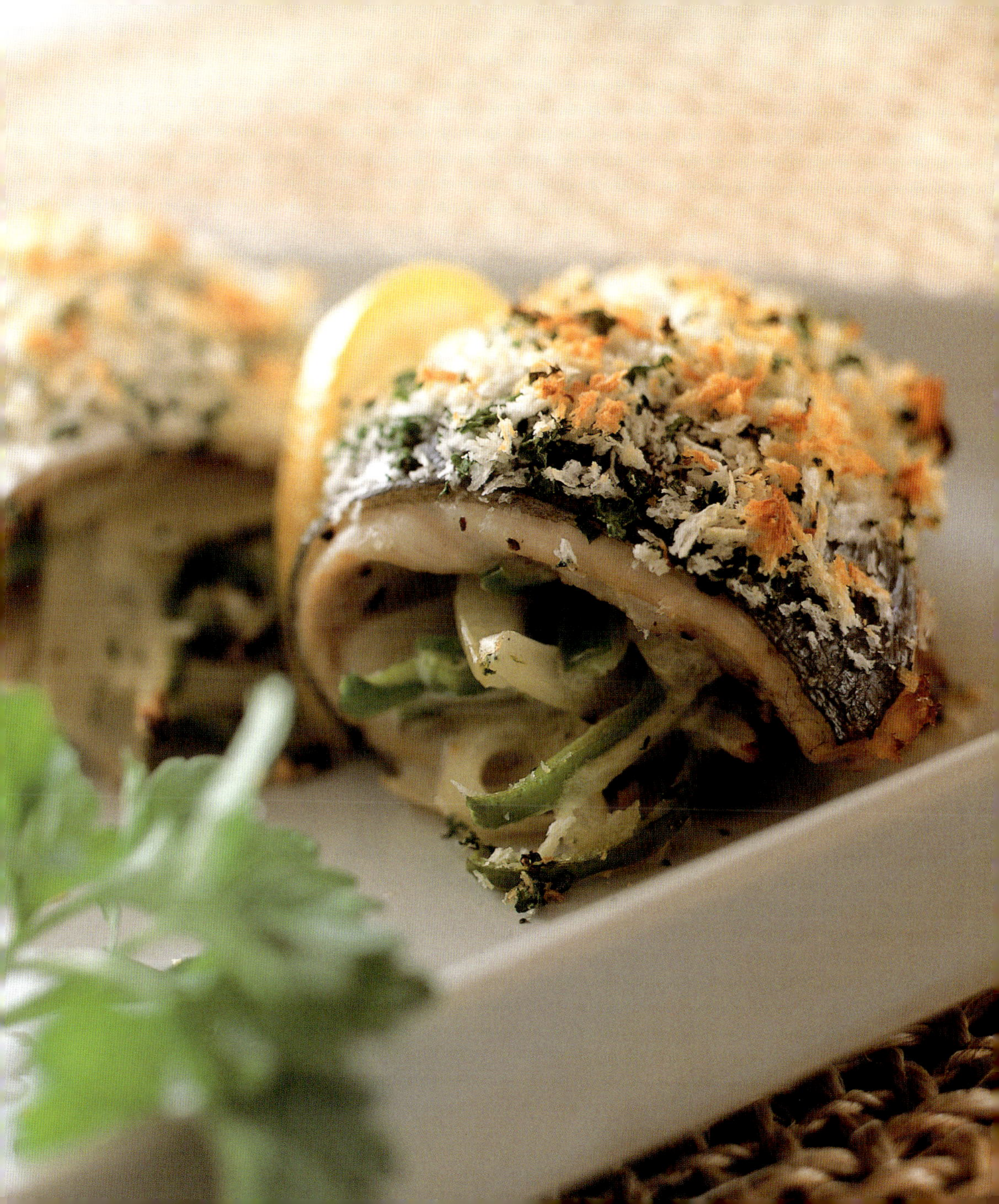

177 kcal　**10分**　**184円**

さけとブロッコリーのピリ辛あん炒め

トウバンジャンを使ったピリッと辛いあんがポイント。ブロッコリーをたくさん入れて、カロチンやビタミンCも補給しましょう。

材料

生さけ	小1切れ (80g)
[塩小さじ少々、しょうが汁小さじ¼]	
ねぎ	5cm
しょうが (薄切り)	1枚
ブロッコリー	50g
トウバンジャン	小さじ¼
調味料	
中華スープの素	小さじ¼
水	大さじ2
酒	大さじ1
しょうゆ	小さじ1
片栗粉	小さじ⅓
[水小さじ1]	
ごま油	小さじ1

作り方

1　さけはひと口大のそぎ切りにし、塩、しょうが汁をかけて、混ぜ合わせる。ねぎは斜め切り、しょうがはせん切りにする。

2　ブロッコリーは小房に分ける。耐熱器に入れてラップをかけ、電子レンジで1分加熱する。

3　フライパンにごま油を熱し、さけを焼いて火を通したら、しょうが、ねぎ、2を加えて炒め合わせる。トウバンジャン、調味料の材料も加えて煮立て、水溶き片栗粉でとろみをつける。

さけときのこのシチュー

クリームシチューはカロリーが高いので、きのこをたくさん入れてミルクシチューにしてみました。クリームシチューよりマイルドなおいしさです。

材料

- 生さけ …………………… 2/3切れ（60g）
- [塩小さじ1/8、こしょう少々、小麦粉小さじ1/2]
- 玉ねぎ …………………… 30g
- しめじ …………………… 1/2パック（40g）
- マッシュルーム ………… 3個
- バター …………………… 小さじ1/2
- スープ
  - コンソメの素 ………… 1/4個
  - 水 ……………………… 2/3カップ
  - 塩 ……………………… 小さじ1/5
  - こしょう・ローリエ・タイム … 各少々
- 牛乳 ……………………… 1/4カップ
- グリンピース …………… 大さじ1（5g）

作り方

1　さけはひと口大に切り、塩、こしょうし、小麦粉をまぶす。玉ねぎはくし形に切り、しめじは小房に分け、マッシュルームは薄切りにする。

2　鍋にバターを溶かし、玉ねぎを炒め、きのこを加えて炒め合わせる。スープの材料を加えて煮立て、4～5分弱火で煮る。

3　2にさけを加え、火が通るまでさらに4～5分煮て、牛乳を加える。ひと煮立ちさせたら器に盛り、ゆでたグリンピース（缶詰めでもよい）を散らす。

163 kcal ／ 5分 ／ 245円

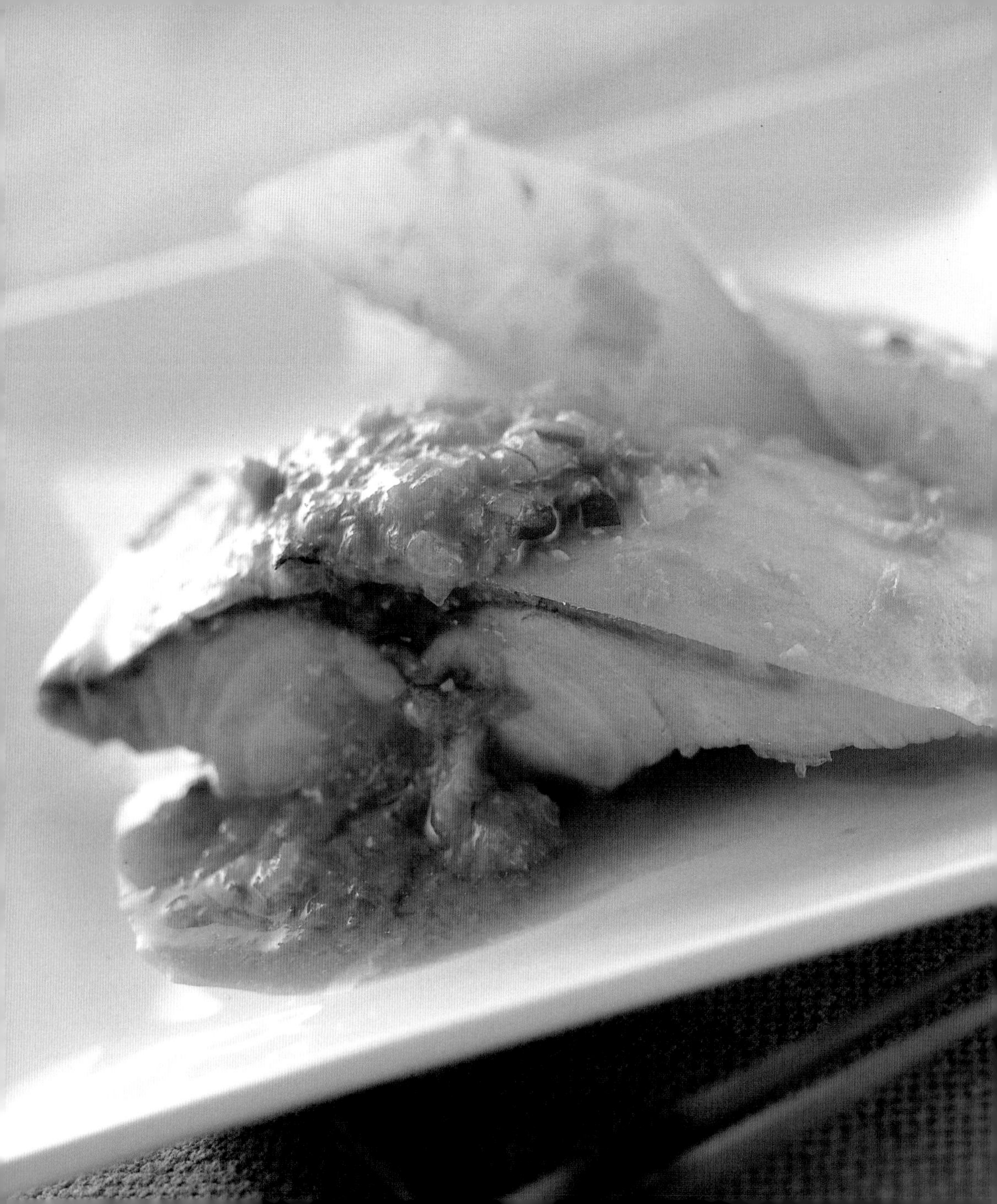

さばのねぎみそ煮

「さばは魚臭いから嫌い」という人にも絶対おすすめなのが、ねぎをたくさん入れて、みそ味仕立てにしてみました。このメニュー。

材料

さば	60g
大根	80g
ねぎ	20g
赤とうがらし	1/4本
水	1/2カップ
酒	大さじ2
砂糖	小さじ1
みそ	小さじ2
しょうゆ	小さじ1/2

作り方

1 大根は乱切りにして下ゆでする。ねぎは粗みじん切りにする。
2 鍋に赤とうがらし、水、酒を煮立てて、さばと大根を入れ、砂糖、ねぎ、1/2量のみそ、しょうゆを加えたら、落としぶたをして7〜8分煮る。残りのみそも加えて、さらに5〜6分煮る。

178 kcal　5分　102円

ねぎや赤とうがらしといっしょに煮ると、さばの臭みが消えて、食べやすくなります。

さんまの塩焼き、梅じそおろしかけ

おなじみのさんまの塩焼きも、大根おろしをちょっと工夫するだけで「新メニュー」に早変わり。彩りもきれいなので、おもてなしにもいかが。

材料

さんま ……………………… 70g
(頭と内臓を取ったもの)
[塩小さじ1/5]
大根おろし ………………… 50g
梅干し ……………………… 1/2個
大葉 ………………………… 2枚

作り方

1　さんまは2つに切って、塩をふり、5分置いてから、グリルで両面焼く。
2　梅干しは細かくたたき、大葉1枚はせん切りにし、水気を軽く切った大根おろしと混ぜ合わせる。
3　器に大葉を敷き、焼いたさんまを盛り、2を添える。

197 kcal / 5分 / 100円

199 kcal　5分　40円

材料
さんま …………………… 60g
（頭と内臓を取ったもの）
しょうが ………………… 5g
切り昆布（乾燥）………… 5g
煮汁
├ 昆布の戻し汁 ………… ½カップ
│ しょうゆ ……………… 小さじ2
│ 酒 ……………………… 大さじ1
└ 砂糖 …………………… 小さじ1

作り方
1　さんまは3つに切る。しょうがは太めのせん切りにする。昆布はさっと洗い、水につけて戻し、食べやすい長さに切る。戻し汁はとっておく。
2　鍋に煮汁の材料を煮立て、1を加えて沸騰後、落としぶたをして15分煮る。

さんまと切り昆布のしょうが煮

昆布を使っているので、だしが出て、食物繊維もたくさん取れる、一石二鳥のメニューです。便秘に悩んでいる人はぜひお試しを。

たらとあさりのアクアパッツァ

淡泊な味わいのたらとあさりは、にんにくを使うとぐーんとおいしさアップ。
パンだけでなく、意外にごはんにもよく合います。

材料

生たら	1切れ(100g)
[塩小さじ1/5、こしょう少々]	
あさり	8粒
にんにく	1/4片
プチトマト	5個
オリーブオイル	小さじ1
水	1/4カップ
塩・こしょう	各少々
パセリ(みじん切り)	少々

作り方

1　たらは塩、こしょうをする。にんにくはみじん切り、プチトマトはへたを取る。あさりは洗う。
2　フライパンにオリーブオイル、にんにくを入れて弱火にかけ、香りが出たら、たらを両面色よく焼く。
3　2にあさり、プチトマト、水、塩、こしょうを加えてふたをし、弱火で7～8分煮る。
4　器に盛り、パセリをふりかける。

あさりは煮ものやスープに使うと、特有のうまみが出て、だしになります。カロリーも低いので、ダイエットにはおすすめの食品です。

150kcal　10分　266円

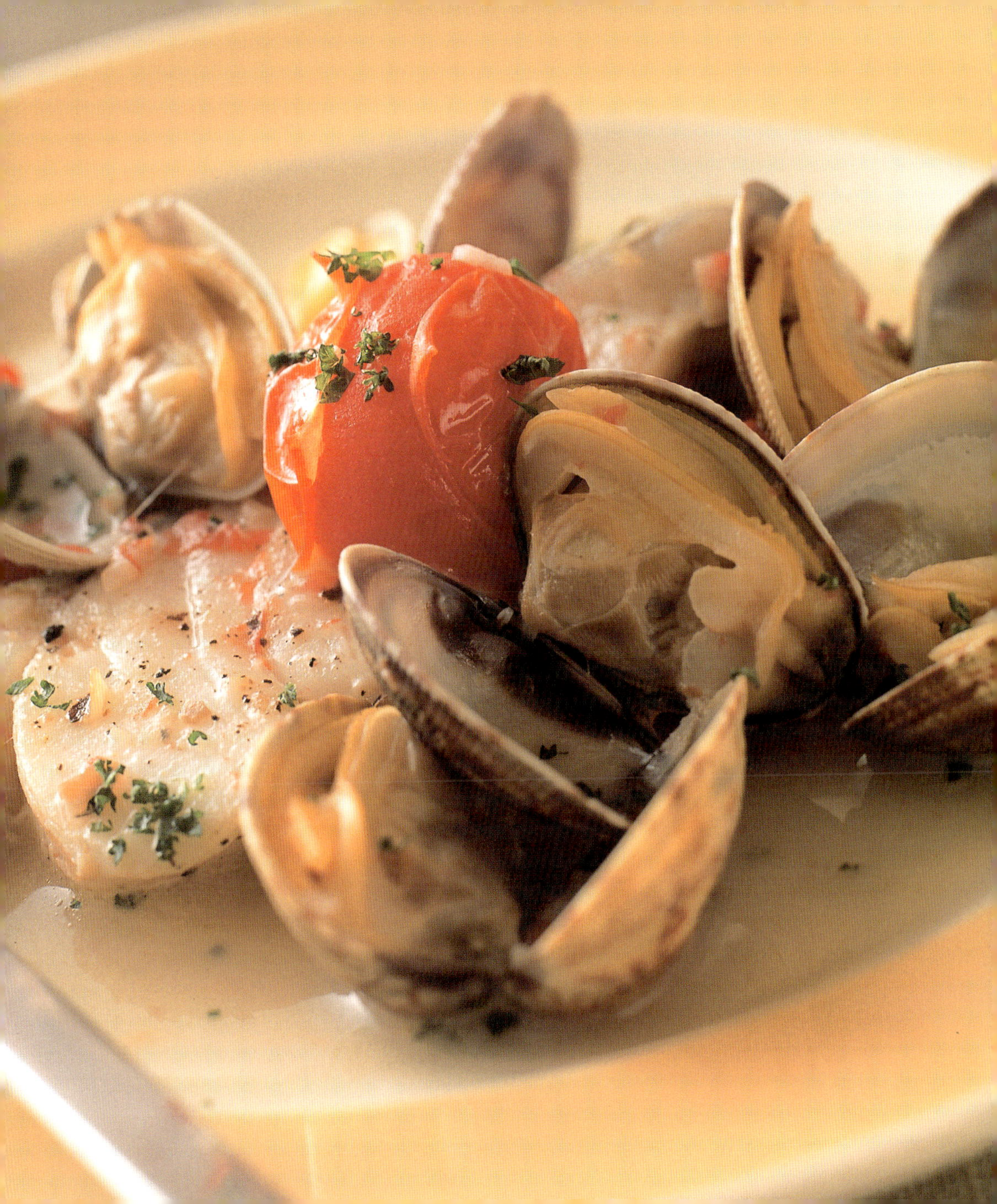

132 kcal 5分 344円

まぐろと水菜のサラダ

火を使わなくても作れる超簡単メインディッシュ。わさびとごま油を使った和風ドレッシングで、さっぱりといただきます。

材料

まぐろ刺し身(赤身) … 80g
水菜 …………………… 20g
ドレッシング
　ねりわさび ………… 小さじ1/4
　しょうゆ …………… 大さじ1/2
　酢 …………………… 小さじ1/2
　ごま油 ……………… 小さじ1/2

作り方

1　まぐろは角切りにする。水菜は3〜4cm長さに切り、水につけて、パリッとさせてから水気を切る。ドレッシングの材料を混ぜ合わせる。
2　まぐろと水菜、ドレッシングを合わせ、器に盛りつける。

まぐろのたたきカルパッチョ風

左ページと同じく、まぐろの赤身を使ったメニューですが、こちらはカルパッチョ風。大根とねぎは細いせん切りにすると、きれいです。

材料

まぐろ刺し身(赤身)… 80g
大根……………… 30g
ねぎ……………… 3cm
大葉……………… 1枚
万能ねぎ………… 1本
ドレッシング
　┌しょうゆ………… 小さじ1
　│レモン汁………… 小さじ1/2
　│タバスコ………… 少々
　│塩………………… 少々
　│オリーブオイル… 小さじ1
　└バルサミコ酢…… 小さじ1/3
粗びきこしょう…… 少々
*バルサミコ酢がなければ普通の酢で代用

作り方

1　大根は3cm長さの細いせん切り、ねぎもせん切りにする。水にさらしてパリッとさせたら、水気を切る。大葉は細かく切り、万能ねぎは小口切りにする。まぐろは小さく角切りにする。
2　ドレッシングの材料を混ぜ合わせる。
3　器にまぐろを平らに盛り、回りに大根とねぎを盛り合わせ、まぐろの上に大葉、万能ねぎ、粗びきこしょうを散らし、ドレッシングをかける。

153 kcal　**10分**　**335円**

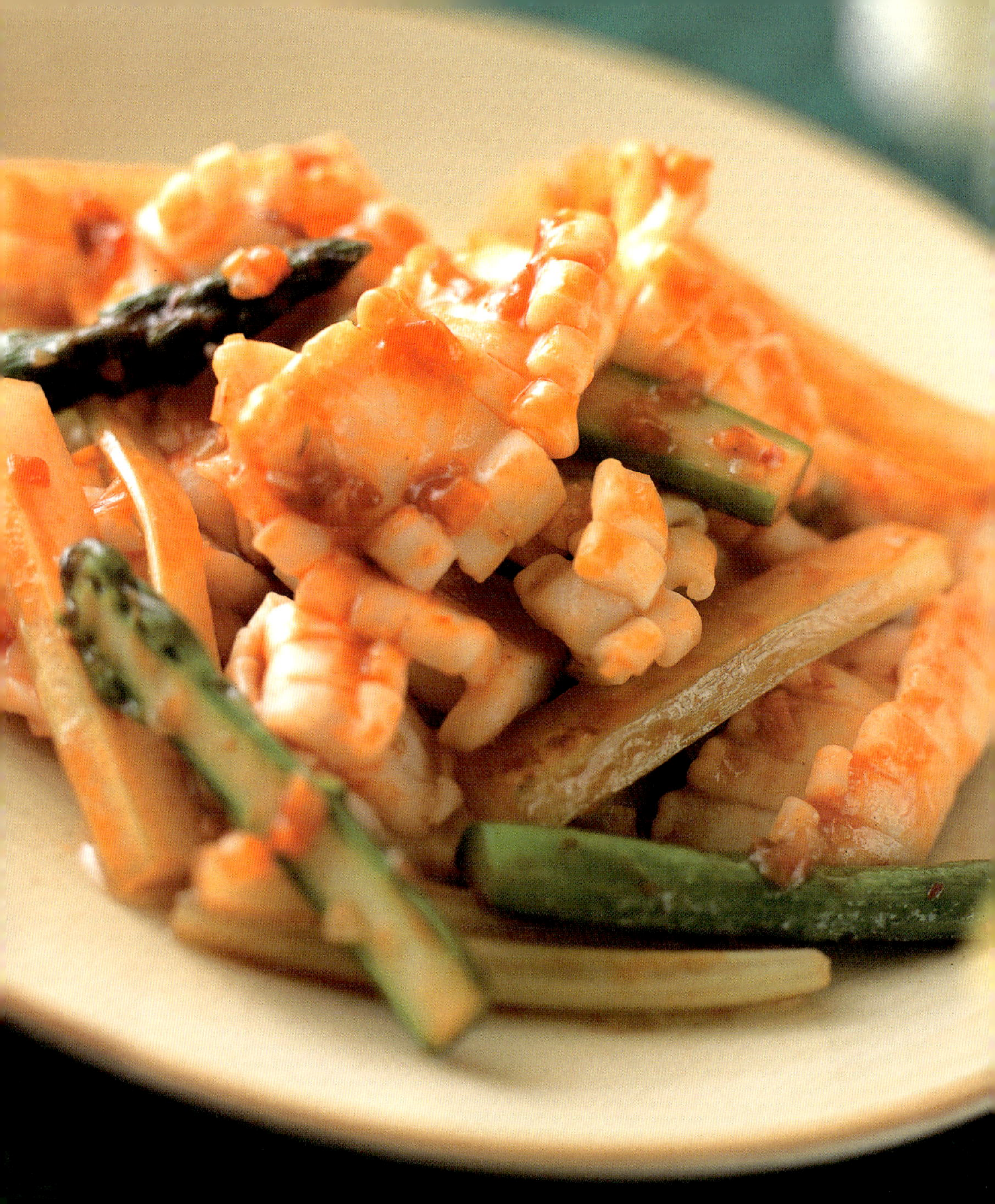

183 kcal　15分　298円

いかとセロリ、アスパラガスのチリソース炒め

アスパラとともにセロリをたくさん使って、ボリュームアップしました。炒めものなのにカロリーは控えめで、満足感のあるメニューです。

材料

いか（胴）	100g
[塩少々、しょうが汁小さじ½、片栗粉小さじ1]	
セロリ	50g
アスパラガス	1½本（30g）
調味料	
┌ トマトケチャップ	大さじ1
│ トウバンジャン	小さじ¼
│ しょうゆ	小さじ½
│ 砂糖	小さじ½
└ 酢	小さじ½
しょうが（みじん切り）	小さじ¼
にんにく（みじん切り）	小さじ⅕
ねぎ（みじん切り）	大さじ1
ごま油	小さじ1

作り方

1　いかは花形切り（胴に細かく縦に包丁目を入れ、3～4cm幅に切ってから、そぎ切りにする）か短冊切りにし、塩、しょうが汁を混ぜ合わせ、片栗粉をまぶす。アスパラガスははかまを取り、縦半分に切り、さらに4cmの長さに切る。

2　鍋に湯を沸かし、1を入れてさっとゆでて、ざるに上げる。

3　セロリはすじを取り、短冊切りにする。

4　フライパンにごま油を熱し、しょうが、にんにく、ねぎを炒め、香りが出たら3を入れて炒め、2と調味料の材料を加えて、炒め合わせる。

えびだんごのせ豆腐蒸し

低カロリー&高タンパクのえびと豆腐のコンビを、電子レンジで蒸しものにしてみました。あっさり風味なので、たれにはラー油を使って。

材料

- えび …………………… 40g
  [酒小さじ½、塩・こしょう各少々、片栗粉小さじ⅓]
- もめん豆腐 …………… ⅓丁（100g）
- 薬味
  - みつば ……………… 少々
  - ねぎ ………………… 3cm
  - しょうが（薄切り）… 1枚
- たれ
  - 酢 …………………… 小さじ½
  - しょうゆ …………… 大さじ½
  - ラー油 ……………… 小さじ⅕

作り方

1　えびは背わたを取り、包丁で細かくたたいて、酒、塩、こしょう、片栗粉を混ぜ合わせる。
2　豆腐は3つに切り、具をのせられるように、少しスプーンですくい取り、すくい取った豆腐は1に混ぜる。
3　くぼみに1をのせ、耐熱皿に並べてラップをかけ、電子レンジで1分30秒加熱する。
4　みつばは3cmの長さに切り、ねぎ、しょうがはせん切りにする。
5　3を器に盛り、たれの材料を混ぜかけ、4を添える。

えびだんごはすり鉢ですったりすると手間がかかるもの。ここでは、簡単に包丁でトントンたたいて、すり身状にしています。

125 kcal　10分　114円

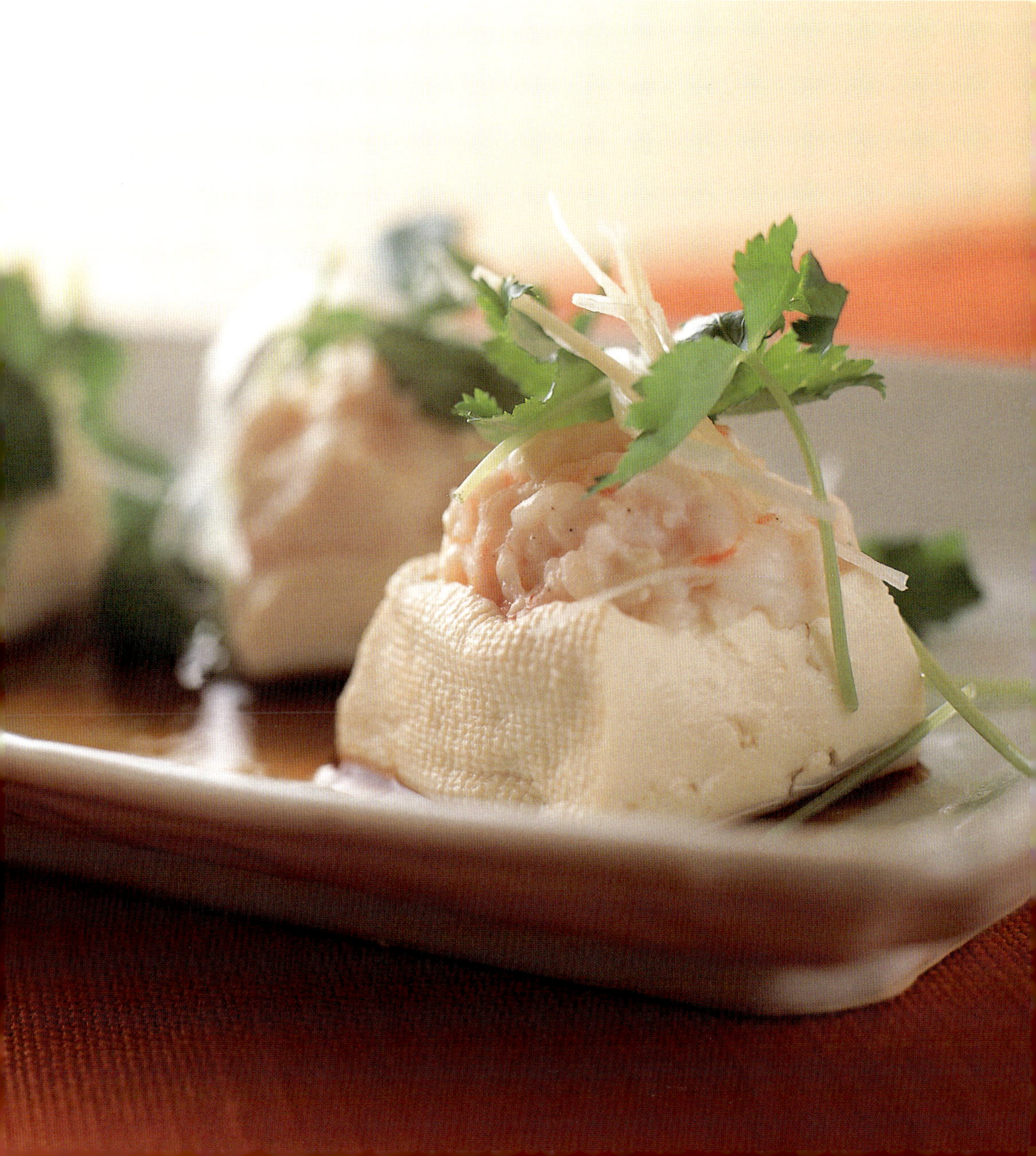

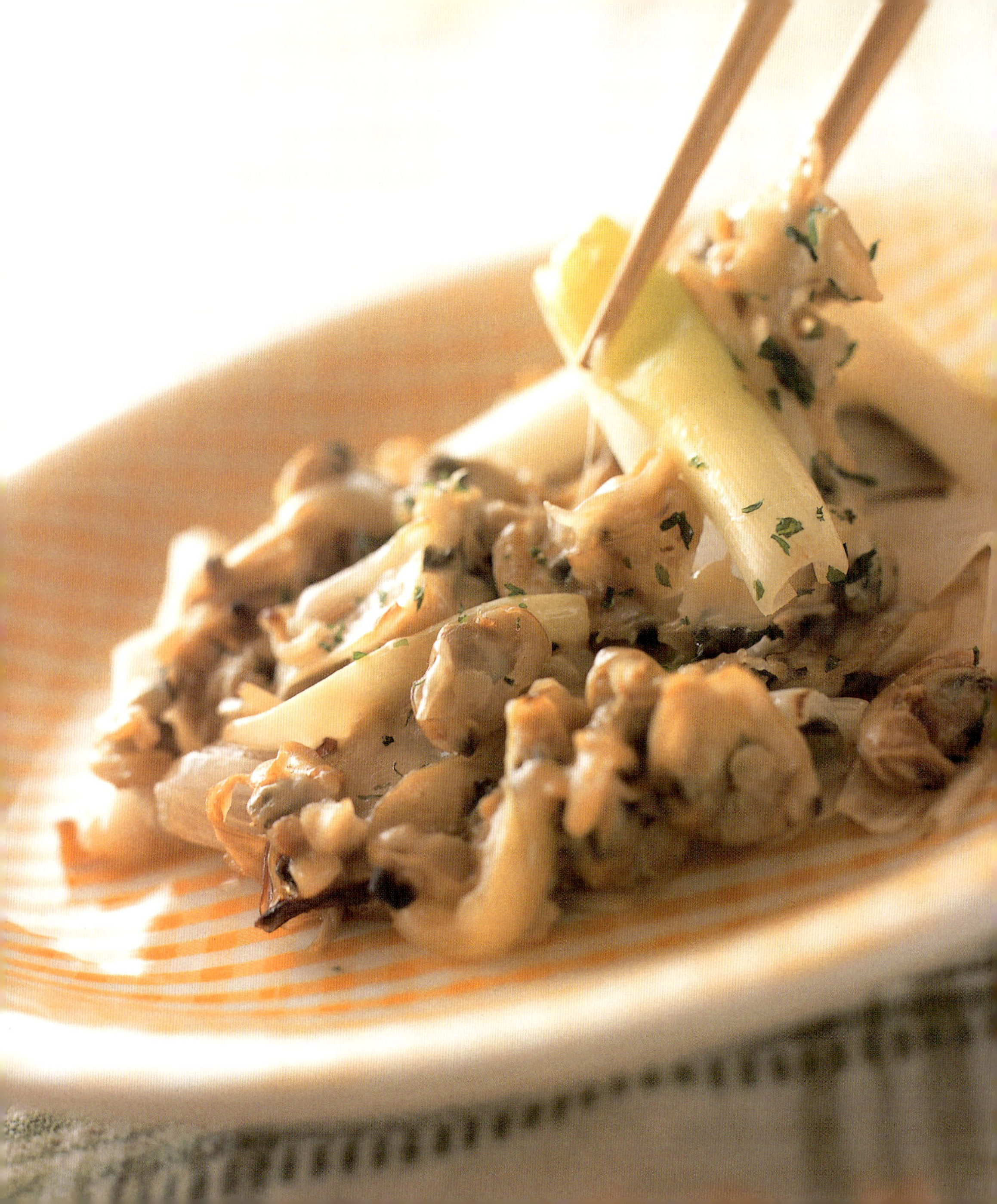

鉄分が豊富なあさりに、カルシウムが多いチーズを組み合わせて、ミネラルたっぷりのメニューに。ねぎの風味が効いた一品です。

あさりとねぎのチーズ炒め

175 kcal / 5分 / 118円

材料

- あさり(缶) ……………… 40g
- ねぎ ……………………… 1/2本(50g)
- 塩・こしょう …………… 各少々
- しょうゆ ………………… 小さじ1/2
- 酒 ………………………… 大さじ1
- ピザ用チーズ …………… 20g
- オリーブオイル ………… 小さじ1
- 青のり …………………… 少々

作り方

1 あさり缶は汁気を切る。ねぎは縦半分に切り、さらに5～6cmの長さに切る。

2 フライパンにオリーブオイルを熱し、ねぎを炒め、あさり、塩、こしょう、しょうゆ、酒を加えて炒め合わせる。チーズを加えて、少し溶けるまで炒めて、器に盛る。最後に青のりをふりかける。

魚介缶詰の上手な使い方

　魚介類の缶詰は値段の安いものが多く、下ごしらえの手間もいらないのがうれしいところ。ただし、さば、さんま、いわしなどの缶詰はかなりカロリーが高いので、量は控えめに使うようにしましょう。ツナ缶を使うときは、オイル漬けではなく、スープ漬けのものを選んだほうが低カロリーです。

　あさりやほたてなど貝類の水煮缶、かに缶などは、低カロリー・高タンパクでダイエット向き。おまけに、貝類やかにはだしが出るので、料理にうまみが加わります。いろいろな料理に活用してみましょう。

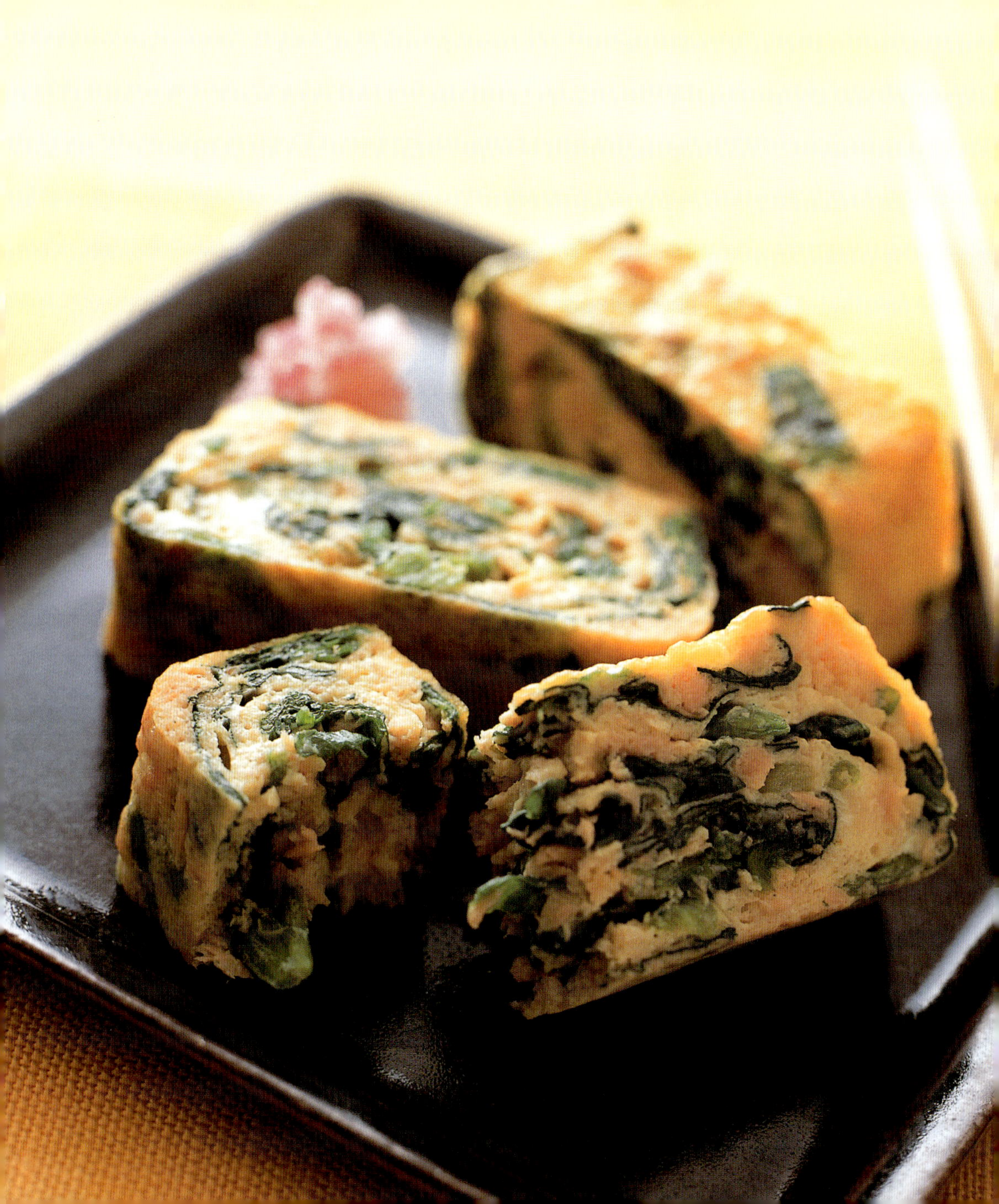

163 kcal / 10分 / 107円

青菜とさけフレーク入り卵焼き

青菜を入れて、見た目も栄養も満点の卵焼きを作りましょう。さけフレークも使っているので、ふつうの卵焼きとはひと味違います。

材料

- 卵 ……………………… 1½個
- [砂糖大さじ½、塩小さじ⅛、酒大さじ1]
- ほうれんそう ………… 40g
- さけフレーク ………… 10g
- サラダ油 ……………… 小さじ⅛
- ラディッシュ ………… 1個

作り方

1　ほうれんそうはラップに包んで、電子レンジで40秒加熱してから、2cmの長さに切る。
2　卵はボウルに割りほぐし、砂糖、塩、酒を混ぜ合わせてから、1とさけフレークを加えて混ぜる。
3　鍋を熱して油を入れ、2を流し入れて焼く。切り分けて器に盛り、すりおろしたラディッシュを添える。

卵焼きにさけフレークを入れると、うまみがあるので、だしは必要ありません。おにぎりなどにもすぐ使えるので、常備しておくと便利。

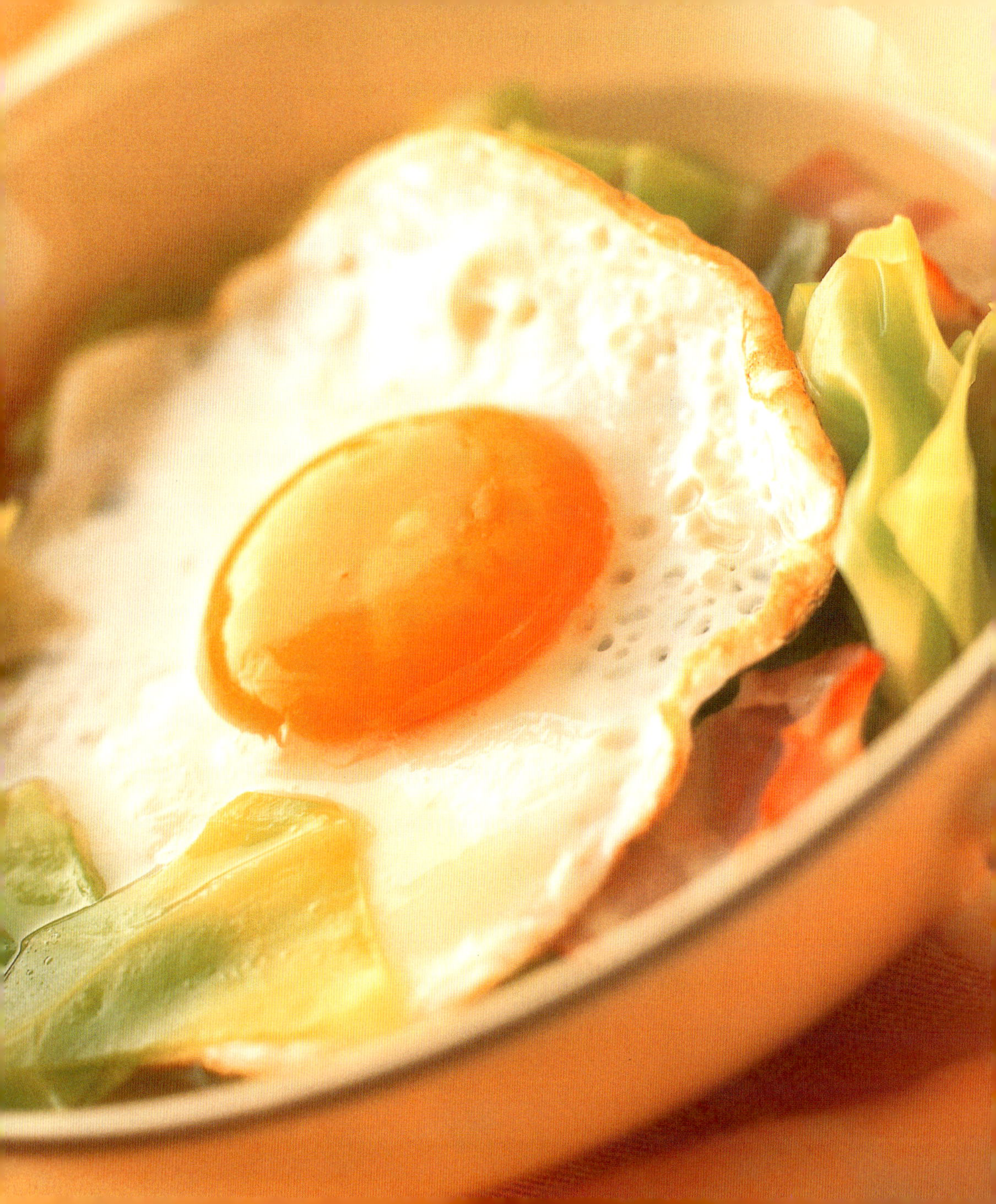

151 kcal / 5分 / 61円

目玉焼き入りキャベツとベーコンのスープ

スープにドーンと目玉焼きをのせて、パンに合うメインディッシュにしてみました。スープ鍋に目玉焼きを入れて、少し煮込んでも美味。

材料

- 卵 …………… 1個
- [サラダ油小さじ¼]
- キャベツ …………… 1枚(100g)
- ベーコン …………… 10g
- スープ
  - ┌コンソメの素 …… ¼個
  - └水 …………… 1½カップ
- 塩 …………… 小さじ½
- こしょう …………… 少々

作り方

1　キャベツはざく切り、ベーコンは2cm幅に切る。
2　鍋に水とコンソメを入れて煮立て、1を加えて、塩、こしょうで調味する。
3　フライパンに油を熱し、卵を割り入れて、目玉焼きを作る。
4　器に2を盛り、3をのせる。

ほうれんそうと油揚げの卵とじ

ほうれんそうを使ったビタミンいっぱいの卵とじです。油揚げは高カロリーなので、うまみを出すために、少しだけ使っています。

材料

- 卵 …………………… 1個
- ほうれんそう ……… 80g
- 油揚げ ……………… ½枚(15g)
- だし汁 ……………… ⅓カップ
- しょうゆ …………… 小さじ1½
- 砂糖 ………………… 小さじ1

作り方

1　ほうれんそうはさっとゆでて、4～5cmの長さに切る。油揚げは熱湯をくぐらせて油抜きをし、短冊切りにする。
2　鍋にだし汁としょうゆ、砂糖を入れて煮立て、1を加えて煮て、割りほぐした卵を回し入れる。ふたをして、火を止め、好みのかたさにとじる。

168 kcal ／ 15分 ／ 78円

139 kcal
10分
73円

トマト目玉焼き

フライパンひとつで作れる朝食向きメニュー。トマトを1個使っているので、これ一品にパンと牛乳をプラスすれば栄養は完璧です。

材料

卵	1個
トマト	小1個(100g)
玉ねぎ	20g
オリーブオイル	小さじ1
塩	小さじ1/5
こしょう	少々

作り方

1　トマトは1cm角に切り、玉ねぎは粗みじん切りにする。
2　フライパンにオリーブオイルを熱し、玉ねぎを炒めてから、トマトを加え、煮くずれるまで炒め合わせる。
3　塩、こしょうで調味し、まん中にくぼみを作って、卵を割り入れる。弱火にして好みのかたさに焼く。

122 kcal 10分 / 105円

材料
- 卵 ……………………………… 1個
- A［だし汁1カップ、塩小さじ1/8、しょうゆ小さじ1/3、みりん小さじ1/4］
- 小えび ……………………………… 30g
- 生しいたけ ……………………………… 1/2枚
- にんじん ……………………………… 10g
- あん
  - だし汁 ……………………………… 1/4カップ
  - しょうゆ ……………………………… 小さじ1/4
  - 塩 ……………………………… 少々
  - みりん ……………………………… 小さじ1/2
- 片栗粉 ……………………………… 小さじ1/3
  ［水小さじ1］
- みつば ……………………………… 少々

あんかけ茶わん蒸し

卵料理の中でも、とくに低カロリーなのが茶わん蒸し。えびや野菜を入れたあんをかければ、ボリュームのあるメインディッシュになります。

作り方

1　ボウルに卵を割りほぐし、Aを混ぜ合わせて、小鉢などの器にこし器でこし入れる。
2　鍋に湯を3〜4cm入れて、1の器をそっと入れてふたをする。強火で表面が白くなるまで約1分間加熱したら、弱火にして15分間加熱する。
3　えびは背わたを取り、しいたけ、にんじんはせん切りにする。
4　鍋にあんの材料を煮立て、3を入れてさっと煮て、水溶き片栗粉でとろみをつける。
5　蒸し上がった2に4をかけ、3cmに切ったみつばを添える。

茶わん蒸しは蒸し器を使うと後片づけが面倒ですが、1人分なら鍋を使うと簡単。電子レンジで作るより失敗も少なくてすみます。

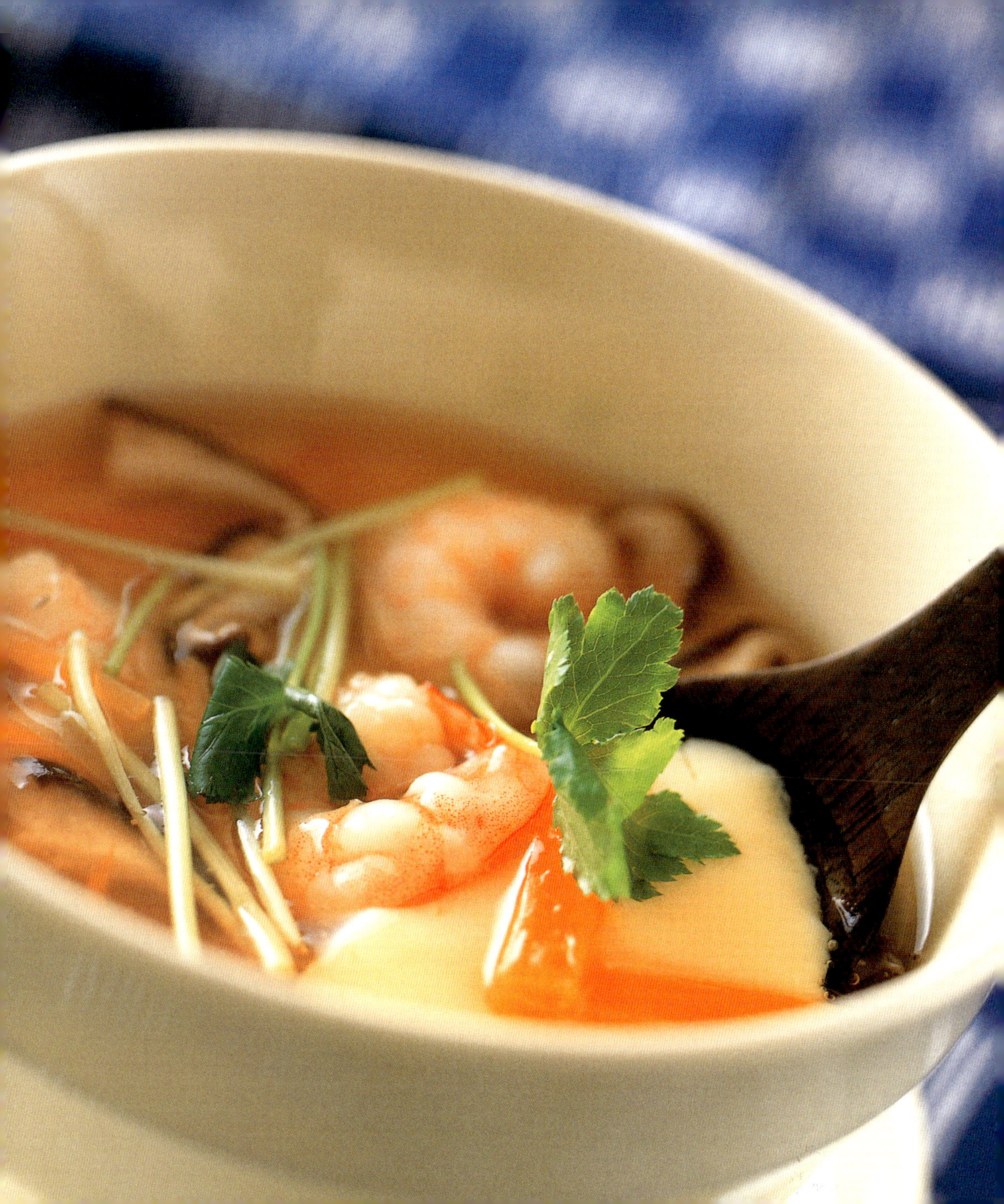

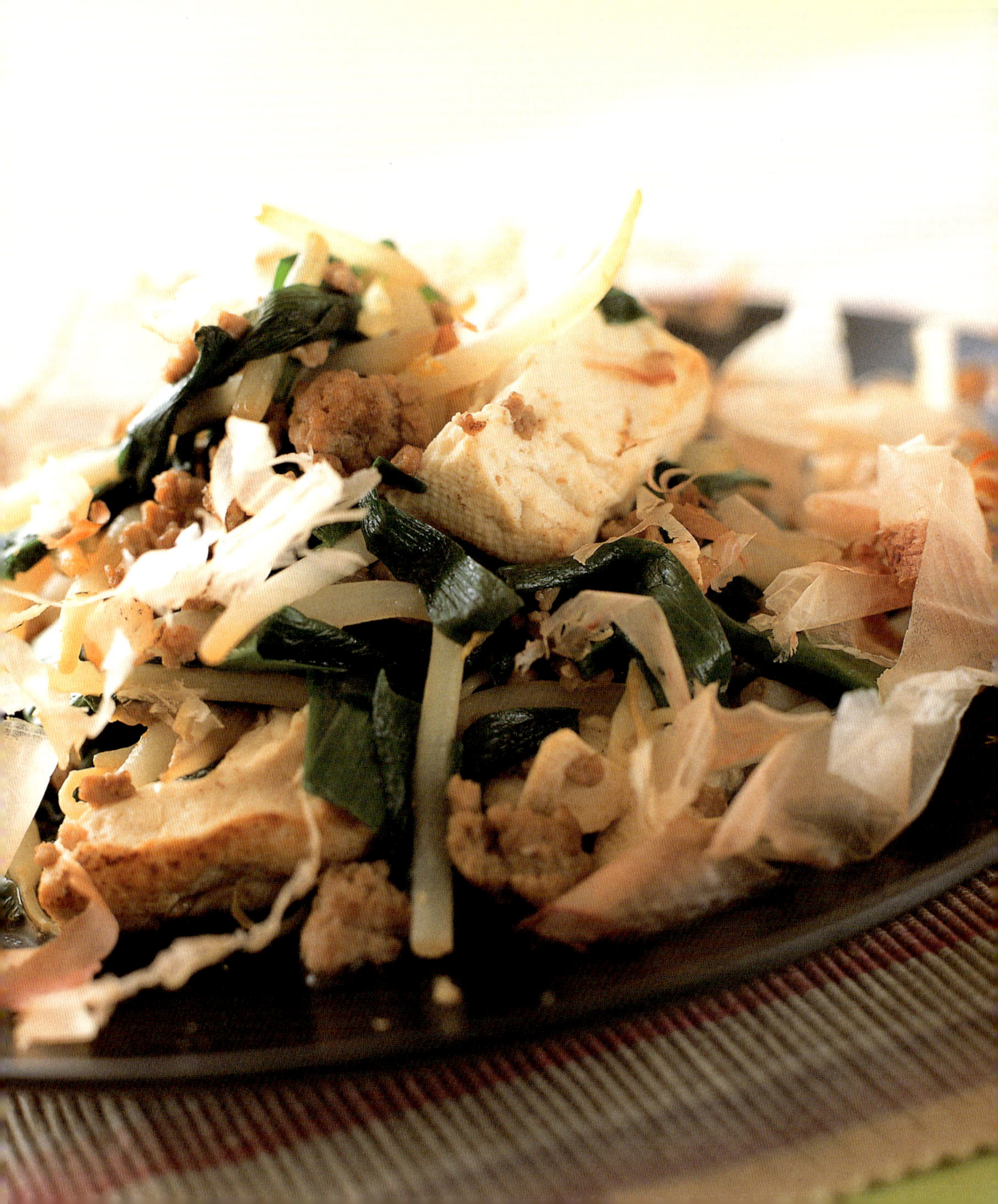

167 kcal 10分 104円

豆腐チャンプルー

豆腐にお肉、野菜を炒め合わせたチャンプルーは、ダイエット向きのメニュー。最後におかかをかけると、さらにおいしくなります。

材料

もめん豆腐 ……………… 1/3丁(100g)
豚赤身ひき肉 …………… 30g
にら ……………………… 1/2束(40g)
もやし …………………… 50g
ごま油 …………………… 小さじ1
調味料
　┌塩 ……………………… 小さじ1/5
　│しょうゆ ……………… 小さじ1
　└酒 ……………………… 大さじ1
おかか …………………… 少々

作り方

1　豆腐はペーパータオルに包み、水切りをする(写真右)。にらは4〜5cm長さに切る。
2　フライパンにごま油を熱し、ひき肉を炒めてから、豆腐を手で割り入れる。もやし、にらも加えて炒め合わせ、調味料で味をととのえる。器に盛り、おかかをかける。

豆腐の水切りは、ペーパータオルに包み、上に皿などをのせて5分ほど置きます。1人分なら、ペーパータオルに包んでから、両手ではさんで押してもOK。

146 kcal 15分 116円

豆腐のソテー なめこあんかけ

豆腐に小松菜となめこ入りのあんをかけたヘルシーメニュー。なめこのとろみがあるので、片栗粉いらずの低カロリーあんかけです。

材料

もめん豆腐……………1/3丁(100g)
[小麦粉小さじ1、ごま油小さじ1/2]
小松菜…………………60g
[ごま油小さじ1/2、塩小さじ1/8、酒小さじ1]
なめこ…………………1/2袋(50g)
あん
┌ だし汁………………1/4カップ
│ しょうゆ……………小さじ1
│ 塩……………………少々
└ みりん………………小さじ1/2

作り方

1　豆腐はペーパータオルに包み、水気を軽く切り、2つに切る。小松菜は4～5cmの長さに切る。なめこはさっと洗う。
2　フライパンにごま油を熱し、小松菜を炒め、塩、酒で調味し、器に盛りつける。
3　フライパンにごま油を足し、豆腐に小麦粉をまぶして焼き、小松菜の上に盛りつける。
4　鍋にあんの材料を入れて煮立て、なめこを加えてさっと煮て、3の豆腐の上にかける。

材料

もめん豆腐	1/3丁(100g)
さけ(水煮缶)	30g
万能ねぎ	10g
塩	小さじ1/8
卵	1/4個
サラダ油	小さじ1/4
大根おろし	30g
スプラウト(クレソンの新芽)	少々
しょうゆ	少々

*スプラウトは貝割れ大根、大葉、万能ねぎで代用しても可

作り方

1　豆腐はペーパータオルに包んで水切りをする(57ページ参照)。万能ねぎは小口切りにする。
2　ボウルに豆腐を入れてつぶし、塩、卵、さけ缶、万能ねぎを入れて、混ぜ合わせる。
3　フライパンを熱し、油を敷いて、2を2〜3等分して平らに丸めたものを両面焼く。
4　器に、3と大根おろし、スプラウトを盛り合わせ、しょうゆをかける。

豆腐の落とし焼き

豆腐にさけ缶と万能ねぎを混ぜて、ハンバーグのように焼いてみました。大根おろしをたっぷり添えて、さっぱりといただきます。

160 kcal　15分　96円

材料

絹ごし豆腐	1/3丁（100g）
半熟卵	1/2個
トマト	20g
万能ねぎ	1本
たれ	
┌にんにく	1/4片
│オリーブオイル	小さじ1/2
│しょうゆ	小さじ2
└バルサミコ酢	小さじ1
イタリアンパセリ	少々

*バルサミコ酢がなければ普通の酢で代用

130 kcal　5分　55円

イタリア風冷ややっこ

イタリア風のたれで食べる、おしゃれな冷ややっこ。半熟卵やトマトなどをプラスして、陽気なイタリアンカラーで盛りつけましょう。

作り方

1　トマトは角切り、万能ねぎは2cm長さに切り、にんにくはみじん切りにする。
2　フライパンに、にんにくとオリーブオイルを入れて弱火にかけ、炒めてから、しょうゆ、バルサミコ酢を加えて、たれを作る。
3　器に4つ切りにした豆腐、半熟卵、トマト、万能ねぎ、イタリアンパセリを盛りつけて、2のたれをかける。

イタリア風のたれは、オリーブオイルで炒めたにんにくとバルサミコ酢を入れるのがポイント。しょうゆ味なので豆腐によく合います。

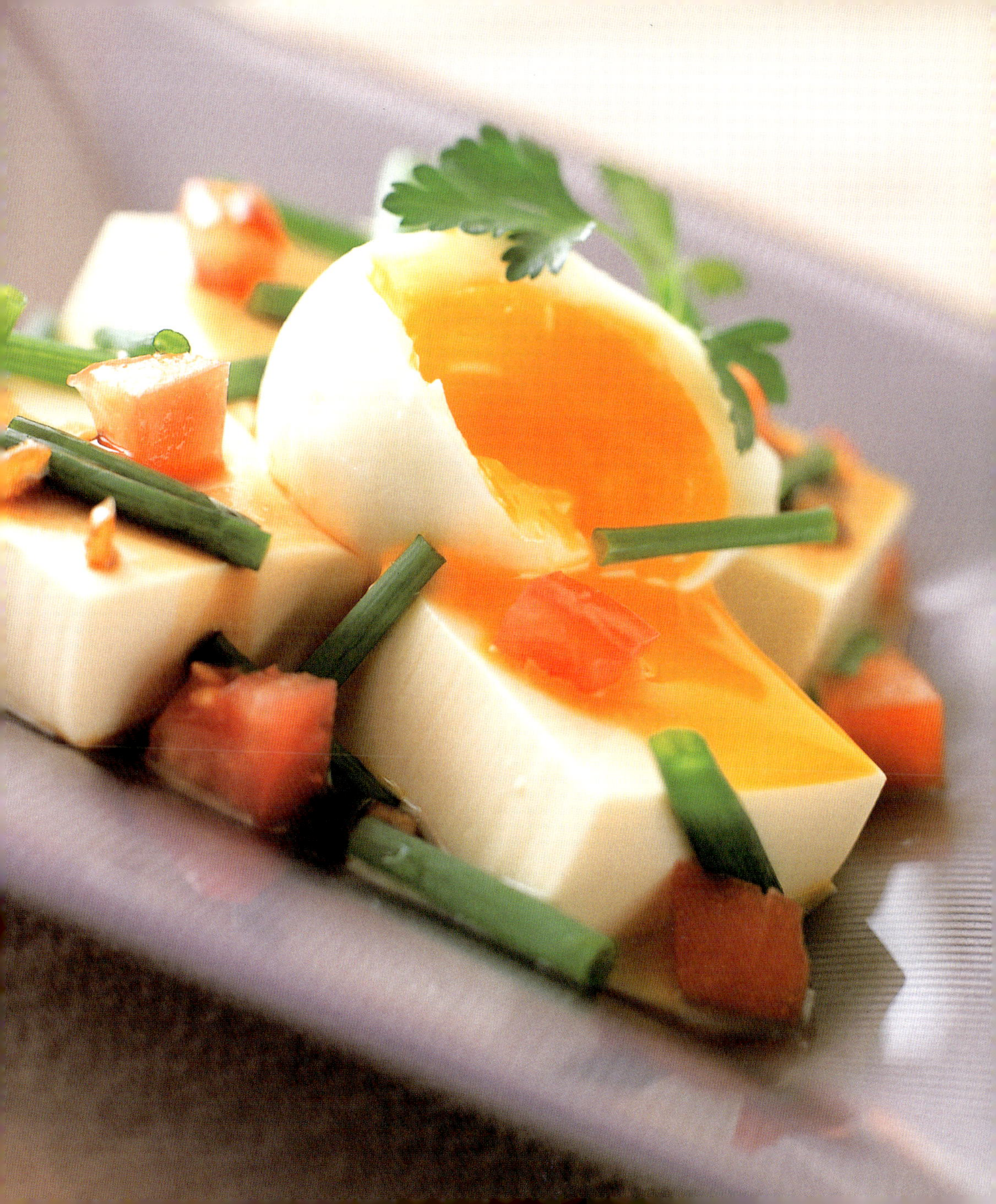

豆腐とコーンの塩昆布炒め

155 kcal / **10分** / **95円**

あっさりとした豆腐と塩昆布のうまみがマッチして、絶妙な味わい。和風メニューなのに、意外とパンにもよく合います。

材料

もめん豆腐	1/3丁（100g）
冷凍コーン	40g
さやいんげん	30g
サラダ油	小さじ1
塩昆布	大さじ1
塩	小さじ1/4
酒	大さじ1/2

作り方

1　豆腐は1.5cm角に切る。冷凍コーンは熱湯をかけて解凍する。さやいんげんは洗ってラップに包み、電子レンジで30秒加熱してから、2～3cmの長さに切る。

2　フライパンに油を熱し、1を炒めて、塩昆布、塩、酒を加えて炒め合わせる。

焼き生揚げのバンバンジーソースかけ

生揚げは豆腐よりカロリーが高いので、控えめに。せん切りにすると、量が多く見えておトクです。風味豊かなソースでいただきましょう。

材料

- 生揚げ …………… 60g
- 豆苗 ……………… 1/2袋(80g)
- にんじん ………… 20g
- サラダ菜 ………… 1枚
- たれ
  - ねりごま ……………… 大さじ1/2
  - 酢 ……………………… 小さじ1/2
  - 砂糖 …………………… 小さじ1/2
  - しょうゆ ……………… 小さじ2
  - ラー油 ………………… 2〜3滴
  - にんにく(みじん切り) … 小さじ1/5
  - しょうが(みじん切り) … 小さじ1/5
  - ねぎ(みじん切り) …… 小さじ1
- 赤とうがらし …………… 1/4本

＊豆苗がなければチンゲンサイでもよい

作り方

1　生揚げは網で焼き、太めのせん切りにする。豆苗は根を切り、さっとゆでる。にんじんは長めの短冊切りにし、さっとゆでる。

2　たれの材料は混ぜ合わせておく。赤とうがらしは輪切りにする。

3　器にサラダ菜を敷き、生揚げ、豆苗、にんじんを盛りつけ、たれをかけて、赤とうがらしを散らす。

187 kcal　15分　157円

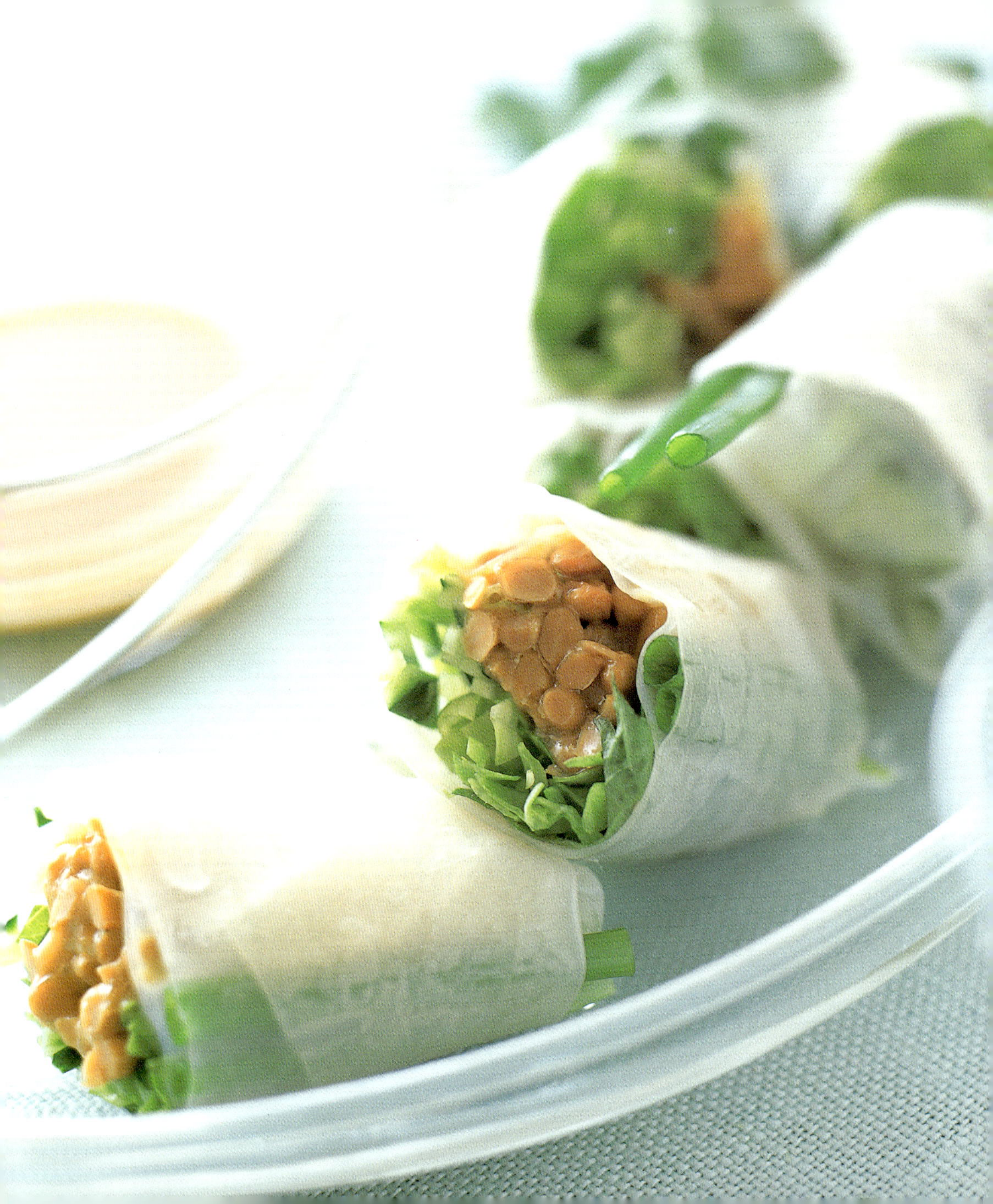

193 kcal 10分 175円

納豆入り生春巻き

油で揚げずに、そのまま食べる生春巻きなので低カロリーです。トーバンジャンを使ったコクのあるたれが、納豆の風味とよく合います。

材料

- 生春巻きの皮 ……… 2枚(20g)
- 納豆 …………… 1パック(40g)
- レタス ………… 1/3枚(10g)
- きゅうり ………… 1/3本(30g)
- 大葉 …………… 2枚
- 万能ねぎ ………… 2本
- たれ
  - マヨネーズ ……… 小さじ1
  - トーバンジャン …… 小さじ1/5
  - しょうゆ ………… 小さじ3/4
  - 砂糖 …………… 小さじ1/4
- 香菜(シャンツァイ) …… 少々

作り方

1　生春巻きの皮はさっと水にぬらし、ペーパータオルにはさんで戻す。納豆は添えてあるたれを混ぜ合わせる。レタス、きゅうりはせん切りにする。大葉は縦半分に切る。万能ねぎは半分の長さに切る。
2　たれの材料をよく混ぜ合わせておく。
3　生春巻きの皮をそっとペーパータオルから取り出し、まず、皮の上に大葉を敷き、レタス、きゅうり、納豆をのせ、両端をたたむ。ひと巻きしてから、万能ねぎをのせてさらに巻く。
4　3を切り分けて器に盛り、香菜を添える。2のたれをつけて食べる。

おいしい
ダイエット・レシピの
秘密 1

［素材の脂肪をカットすることがカロリーダウンの第一ステップです］

ダイエットの最大の敵は脂肪。もちろん、ある程度、脂肪を取ることは必要ですが、余分な脂肪はできるだけカットしたいものです。素材選びから、下ごしらえ、調理まで、脂肪減らしの基本テクニックをおぼえておきましょう。

カロリーコントロールのためには、素材選びが大きなポイント。とくに肉は部位によってカロリーが大きく違うので気をつけましょう。例えば豚肉100g当たりのカロリーは、バラ肉386kcal、ロース（脂身つき）263kcal、もも（脂身つき）183kcal、ヒレ115kcal。バラ肉とヒレでは、カロリーに3倍以上もの差があります。

脂肪がより少ない素材を選ぶ

できるだけ脂肪を取り除く

脂肪が多い素材は、脂肪をカットすればそれだけカロリーダウンします。例えば、鶏もも肉は皮つきだと100g当たり253kcalありますが、皮といっしょに脂肪をカットすれば、カロリーは半分近い138kcalに。牛肉や豚肉のロースなど脂肪の多い素材も、脂身の部分を取り除くと大幅にカロリーを低くすることが可能です。

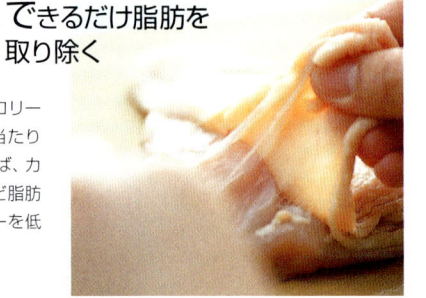

低脂肪の素材で代用する

高脂肪の素材は、できるだけ低脂肪の素材で代用することを考えましょう。例えば、サラダやサンドイッチなどによく使うマヨネーズは、100g当たり703kcalもある高カロリー食品。そこで、マヨネーズは少量にして、低脂肪のカッテージチーズやヨーグルトを使えば、コクのある味わいは生かしたまま、カロリーダウンできます。

100kcal以下のサブディッシュ

きれいにやせたいから野菜や海藻をたくさん食べて。

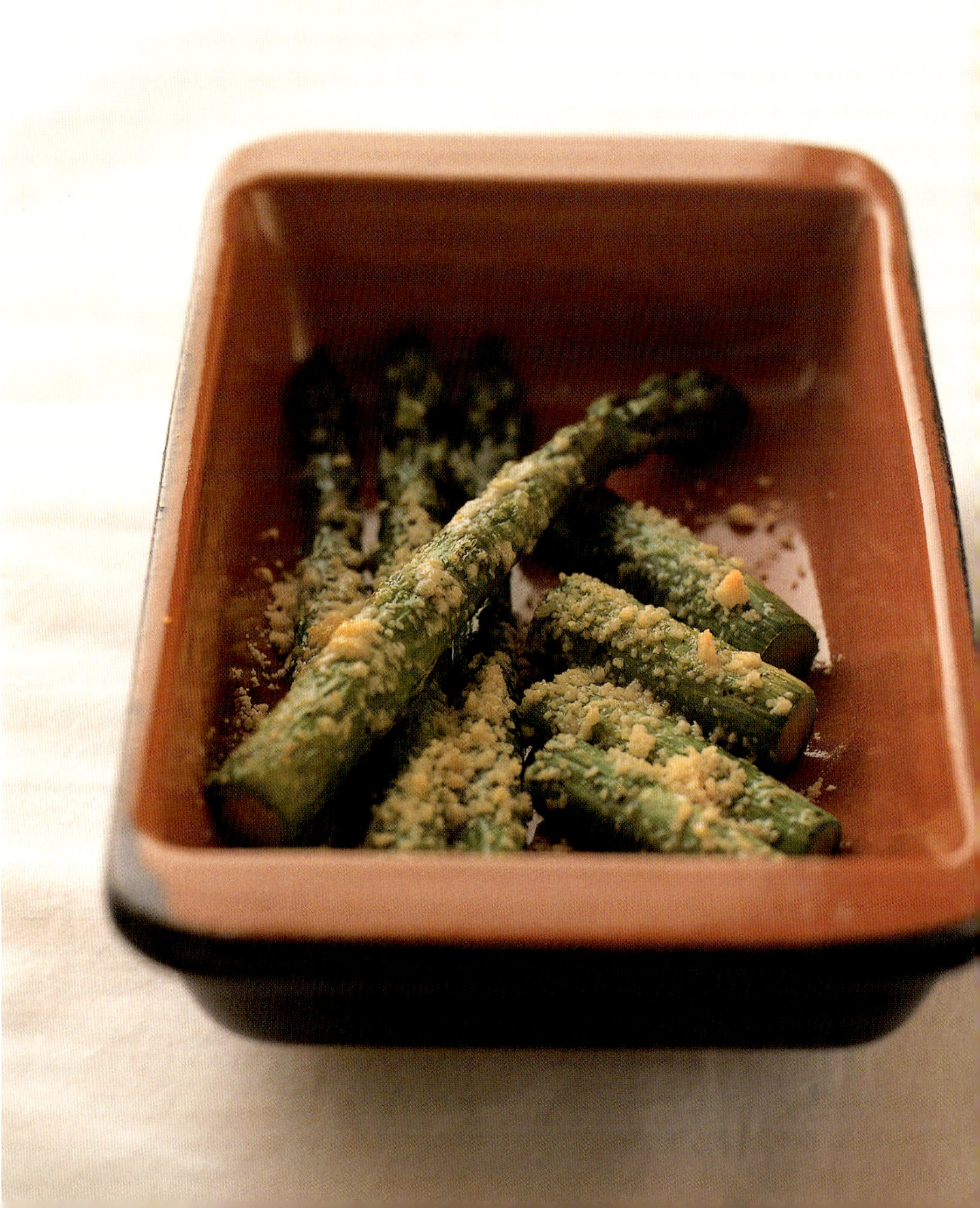

43 kcal　**5分**　**128円**

アスパラガスのチーズ焼き

オーブントースターで焼くだけなのに、ちょっとおしゃれに見えるメニュー。ブランチやホームパーティのメニューにもおすすめです。

材料

アスパラガス	4本（80g）
バター	小さじ1/2
塩	小さじ1/6
こしょう	少々
粉チーズ	小さじ1

作り方

1　アスパラガスははかまと固い部分を取り、耐熱の器の長さに合わせて切る。
2　フライパンにお湯を沸かし、アスパラガスを入れてさっとゆでて、お湯を捨てる。バター、塩、こしょうを加えて炒める。
3　2を器に並べて粉チーズをふりかけ、オーブントースターで9〜10分焼く。

アスパラガスとわかめの しょうが風味煮

野菜と海藻の煮ものはあっさりしているので、しょうがでおいしさをプラス。食物繊維がたくさん取れるヘルシーなサブディッシュです。

材料

- アスパラガス ……… 2½本(50g)
- わかめ(塩漬け) …… 20g
- だし汁 …………… ⅔カップ
- 調味料
  - しょうゆ ………… 小さじ½
  - 塩 ……………… 小さじ⅕
  - みりん ………… 小さじ½
- おろししょうが …… 少々

作り方

1　わかめは洗い、水で戻して、ひと口大に切る。アスパラガスははかまを取り、乱切りにする。
2　鍋にだし汁と調味料を煮立てたら、アスパラガスを入れて煮る。煮上がりにわかめを加えて、さっと火を通す。器に盛り、おろししょうがを添える。

22 kcal　5分　120円

材料

かぼちゃ …………………50g
セロリ ……………………40g
サラダ油 …………………小さじ½
しょうゆ …………………小さじ1
酒 …………………………大さじ½
おかか ……………………小パック⅙袋

作り方

1　かぼちゃとセロリは太めのせん切りにする。かぼちゃは耐熱の器に入れて、ラップをかけ、レンジで1分間加熱する。
2　フライパンに油を熱し、セロリ、かぼちゃの順に炒め、しょうゆ、酒で調味する。最後におかかも加えて炒め合わせる。

74 kcal　5分　69円

かぼちゃとセロリのおかか炒め

ふつうの炒めものとひと味違うのは、おかかのせい。かぼちゃの甘みとおかかのうまみに、セロリのほのかな苦みがアクセントです。

かぼちゃのカレーミルクスープ

ポタージュ風のコクのある味わいが楽しめるミルクスープ。かぼちゃと相性のいいカレー風味をプラスしたら、さらにおいしくなりました。

87 kcal / **10分** / **34円**

材料

かぼちゃ（皮をむいたもの）	50g
玉ねぎ	20g
バター	小さじ1/2
コンソメの素	1/4個
水	1/3カップ
カレー粉	小さじ1/5
牛乳	1/4カップ
塩・こしょう	各少々
かぼちゃの種（炒ったもの）	3個

作り方

1　かぼちゃはひと口大に切り、玉ねぎはせん切りにする。
2　鍋にバターを溶かし、玉ねぎを炒め、かぼちゃを加える。コンソメの素、水を入れてふたをして弱火でやわらかくなるまで煮る。カレー粉、牛乳、塩、こしょうを加えて、ひと煮立ちさせる。
3　器に盛り、かぼちゃの種を散らす。

ミルクスープにコクを出すためには、生クリームを使うのが一般的。ここでは、カロリーを抑えてコクを出すためにカレー粉を使いました。

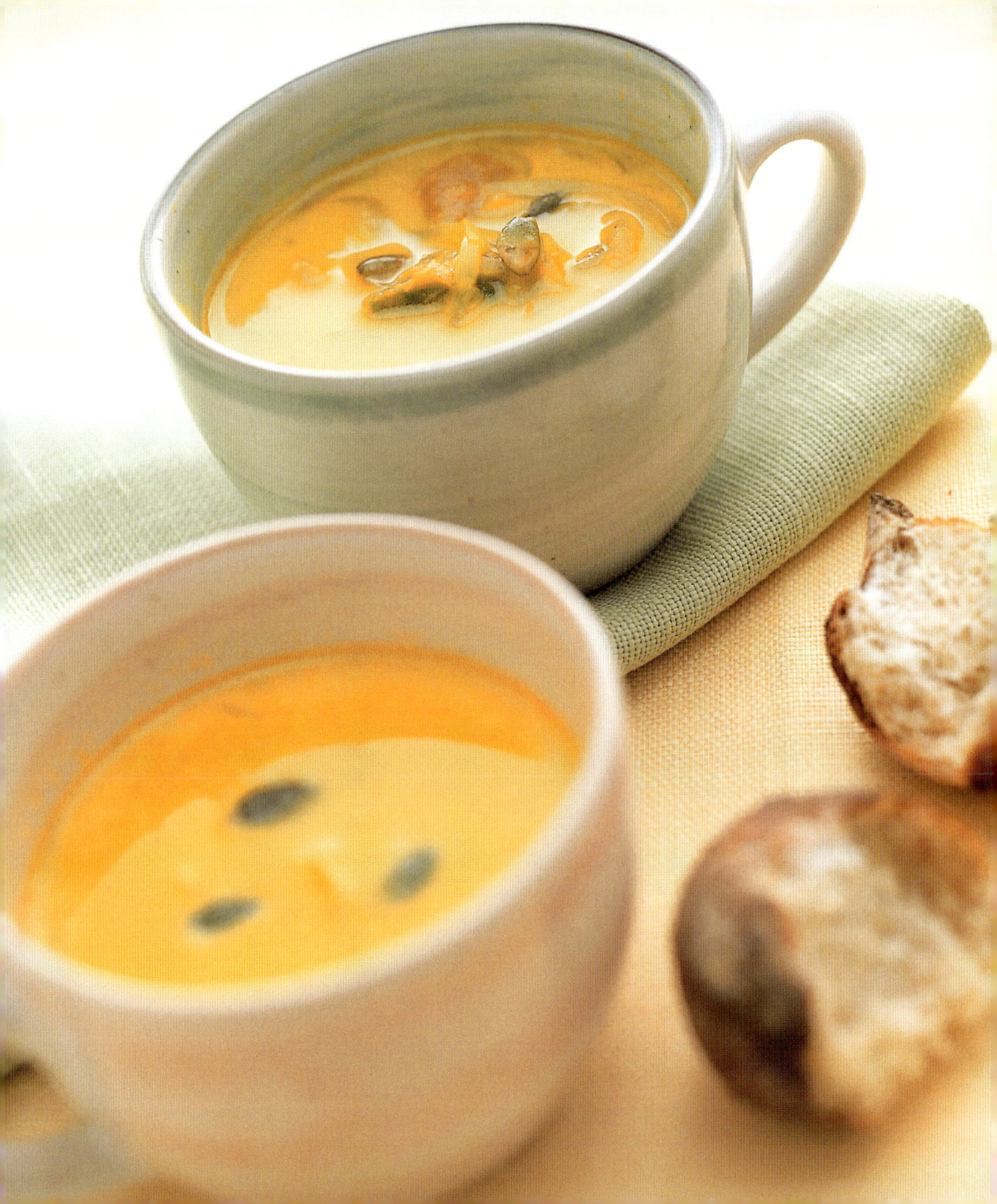

キャベツのナムル

ゆでてあえるだけの簡単メニューで、キャベツをたっぷりいただきましょう。メニューにもう一品ほしいときに、便利なサブディッシュです。

材料

キャベツ ……………… 1枚(100g)
調味料
　┌ 塩 …………………… 小さじ1/5
　│ 砂糖 ………………… 小さじ1/3
　│ 一味とうがらし …… 少々
　│ ごま油 ……………… 小さじ1/2
　└ ねぎ(みじん切り) … 小さじ1/2
糸とうがらし ………… 少々

作り方

1　キャベツはゆでて、太めのせん切りにし、水気を軽く絞る。
2　1と調味料の材料を混ぜ合わせ、器に盛り、あれば糸とうがらしを添える。

46 kcal　5分　17円

43 kcal / 5分 / 27円

キャベツとちくわの煮びたし

煮びたしは油揚げを入れると、うまみが出ます。でも、油揚げは高カロリーなので、ちくわのうまみを生かした煮びたしにしてみました。

材料

- キャベツ ……………… 1枚(100g)
- ちくわ ………………… ½本
- 煮汁
  - だし汁 …………… ⅔カップ
  - しょうゆ ………… 小さじ½
  - 塩 ………………… 小さじ⅕
  - 酒 ………………… 大さじ½

作り方

1. キャベツはざく切り、ちくわは輪切りにする。
2. 鍋に煮汁の材料を入れて煮立て、1を加えて、キャベツがやわらかくなるまで煮る。

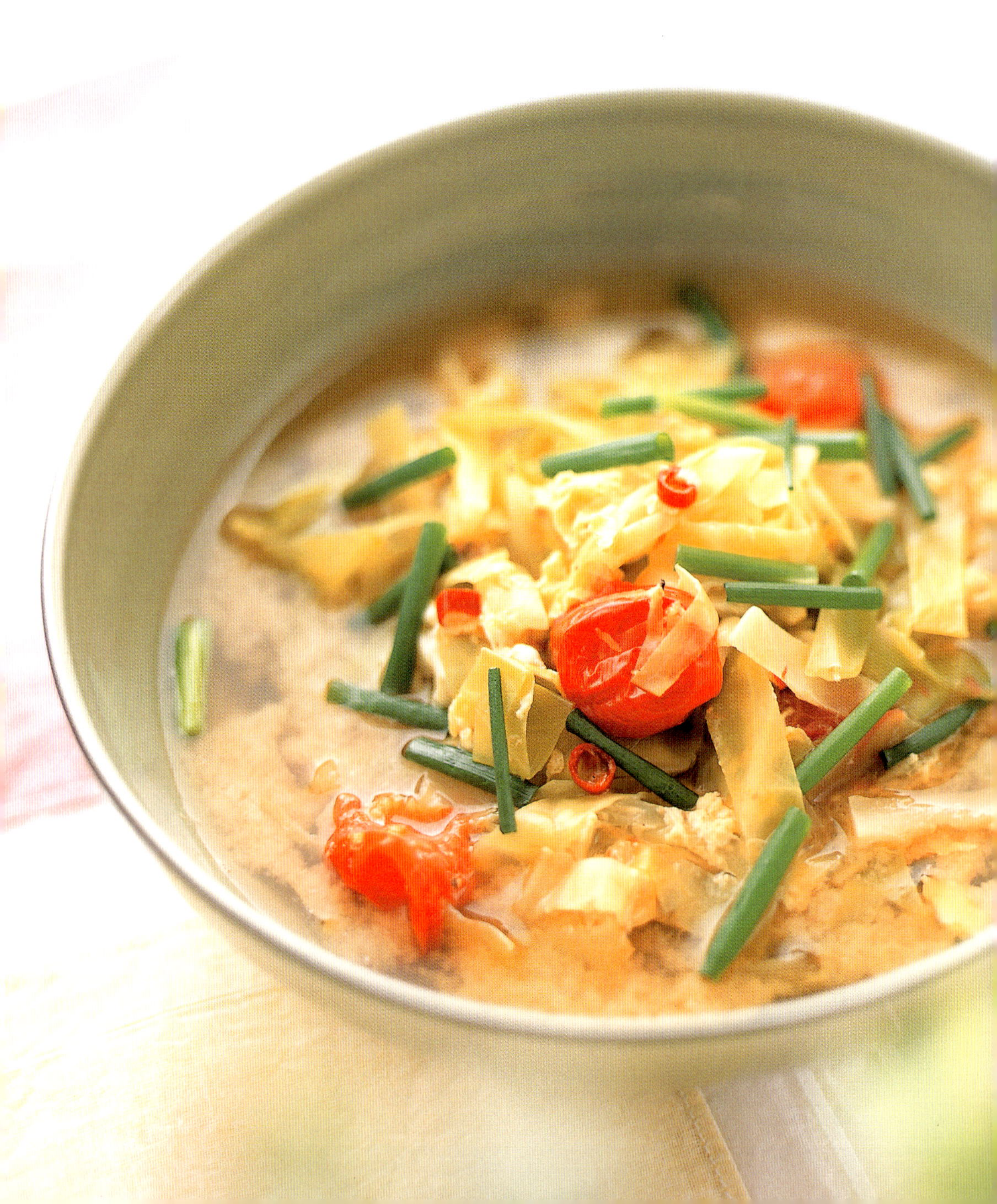

材料

キャベツ	4/5枚(80g)
プチトマト	3個
万能ねぎ	1本
中華スープの素	小さじ1/4
水	1 1/2カップ
赤とうがらし	少々
塩	小さじ2/5
しょうゆ	小さじ1/2
卵	1/2個
酢	小さじ1 1/2
こしょう	少々

キャベツは意外にカルシウムが豊富で、胃を守る成分を含んでいます。ゆでたり、スープに入れたりして、料理にもっと活用しましょう。

キャベツと卵のスワンラータン

すっぱさと辛さがほどよくミックスしたスワンラータン。野菜と卵を使った具だくさんスープなので、これ一品でおかず代わりになります。

作り方

1　キャベツは太めのせん切り、プチトマトはへたを取る。万能ねぎは2cm長さに切り、赤とうがらしは輪切りにする。

2　鍋に中華スープの素と水を煮立て、キャベツを入れて煮てから、プチトマト、赤とうがらし、塩、しょうゆを入れて調味し、卵を回し入れる。

3　2に酢、こしょうを加えて味をととのえ、器に盛り、万能ねぎを散らす。

69 kcal　5分　57円

きゅうりもみで作るメニュー4

生で食べられるきゅうりは、スピード料理の心強い味方。きゅうりもみで4種類のあえものを作ってみました。きゅうりの切り方をアレンジして、見た目に変化をつけるのがポイントです。

きゅうりとほたて缶の三杯酢あえ

材料

- きゅうり ………… 1/2本強(50g)
- [塩少々]
- ほたて(缶) ……… 20g
- しょうが ………… 少々
- 調味料
  - 酢 ……………… 小さじ2
  - 砂糖 …………… 小さじ2/3
  - しょうゆ ……… 2～3滴

作り方

1　きゅうりは小口切りにし、塩を混ぜてしんなりさせ、水気を絞る。しょうがは細いせん切りにし、ほたてはほぐす。
2　きゅうり、ほたてを調味料であえ、器に盛る。しょうがを天盛りにする。

39 kcal　5分　98円

きゅうりの梅おかかあえ

10 kcal / 5分 / 75円

材料
- きゅうり ……… 1/2本強(50g)
- [塩少々]
- 梅干し ……… 1/2個
- みょうが ……… 1/2個
- おかか ……… 少々

作り方
1. きゅうりはせん切りにし、塩を混ぜてしんなりさせ、水気を切る。
2. 梅干しは細かくたたき、みょうがはせん切りにする。
3. 1と2とおかかを混ぜる。

---

9 kcal / 5分 / 24円

きゅうりのからしあえ

材料
- きゅうり ……… 1/2本強(50g)
- [塩少々]
- 調味料
  - 練りからし …… 小さじ1/8
  - しょうゆ ……… 小さじ1/2
  - 酢 ……………… 小さじ1/4

作り方
1. きゅうりは斜め薄切りにし、塩を混ぜてしんなりさせ、水気を絞る。
2. 1と調味料の材料を混ぜ合わせる。

きゅうりのザーサイあえ

15 kcal / 5分 / 46円

材料
- きゅうり ……… 1/2本強(50g)
- [塩少々]
- ザーサイ(びん詰め)… 10g
- ねぎ ……………… 少々
- しょうゆ ………… 小さじ1/4

作り方
1. きゅうりは縦半分に切り、さらに斜め切りにする。塩を混ぜてしんなりさせたら水気を絞る。
2. 1にせん切りにしたザーサイ、ねぎ、しょうゆを混ぜ合わせる。

きゅうり

10 kcal　5分　24円

きゅうりの レンジピクルス

ピクルスは電子レンジを使うと、漬ける時間を大幅に短縮できます。冷蔵庫で2～3日保存できるので、まとめて作っておくと便利です。

材料 (4人分)

きゅうり……………… 2本(180g)
調味料
- 酢………………… 大さじ2
- 水………………… ½カップ
- 砂糖……………… 小さじ2
- 赤とうがらし……… 小1本
- ローリエ………… 1枚
- 粒こしょう………… 5粒
- 塩………………… 小さじ½
- クローブ………… 2個
- レモン…………… 1切れ

作り方

1　きゅうりは縦半分に切り、さらに3～4cmの長さに切る。
2　耐熱のボウルに調味料の材料と1を入れて落としラップをし、電子レンジで1分加熱し、そのまま3時間くらい置いてから食べる。

ごぼうのソース炒め

ごぼうをベーコンやウスターソースで炒めたら、ちょっと意外な味わい。洋風の味つけですが、ごはんに合うサブディッシュです。

材料

- ごぼう …………… 50g
- ベーコン ………… 5g
- バター …………… 小さじ1/2
- ウスターソース …… 小さじ2
- 塩 ………………… 少々

作り方

1　ごぼうは3cm長さの薄切りにし、水にさらす。ベーコンはせん切りにする。
2　フライパンにバターを溶かし、ベーコン、ごぼうを炒め、ウスターソース、塩を加えて、炒め合わせる。

82 kcal　**5分**　**30円**

ごぼうとじゃこの煮物

食物繊維が豊富なごぼうとカルシウムが多いじゃこのヘルシーコンビ。だしを使わなくても、じゃこのうまみでいいお味になります。

64 kcal　5分　84円

材料
- ごぼう ………………… 50g
- ちりめんじゃこ ……………… 10g
- 煮汁
  - 酒 ………………… 大さじ1
  - 水 ………………… ½カップ
  - 砂糖 ……………… 小さじ½
  - しょうゆ …………… 小さじ1

作り方
1　ごぼうは3〜4cmの太めのせん切りにし、水にさらす。
2　鍋にごぼう、ちりめんじゃこ、煮汁の材料を入れて、沸騰したら弱火にし、ふたをしてごぼうがやわらかくなるまで煮る。

ごぼうは野菜の中ではカロリーがやや高め。でも、食物繊維が多く、かみごたえがあって満足感が得られるので、ダイエットにもおすすめです。

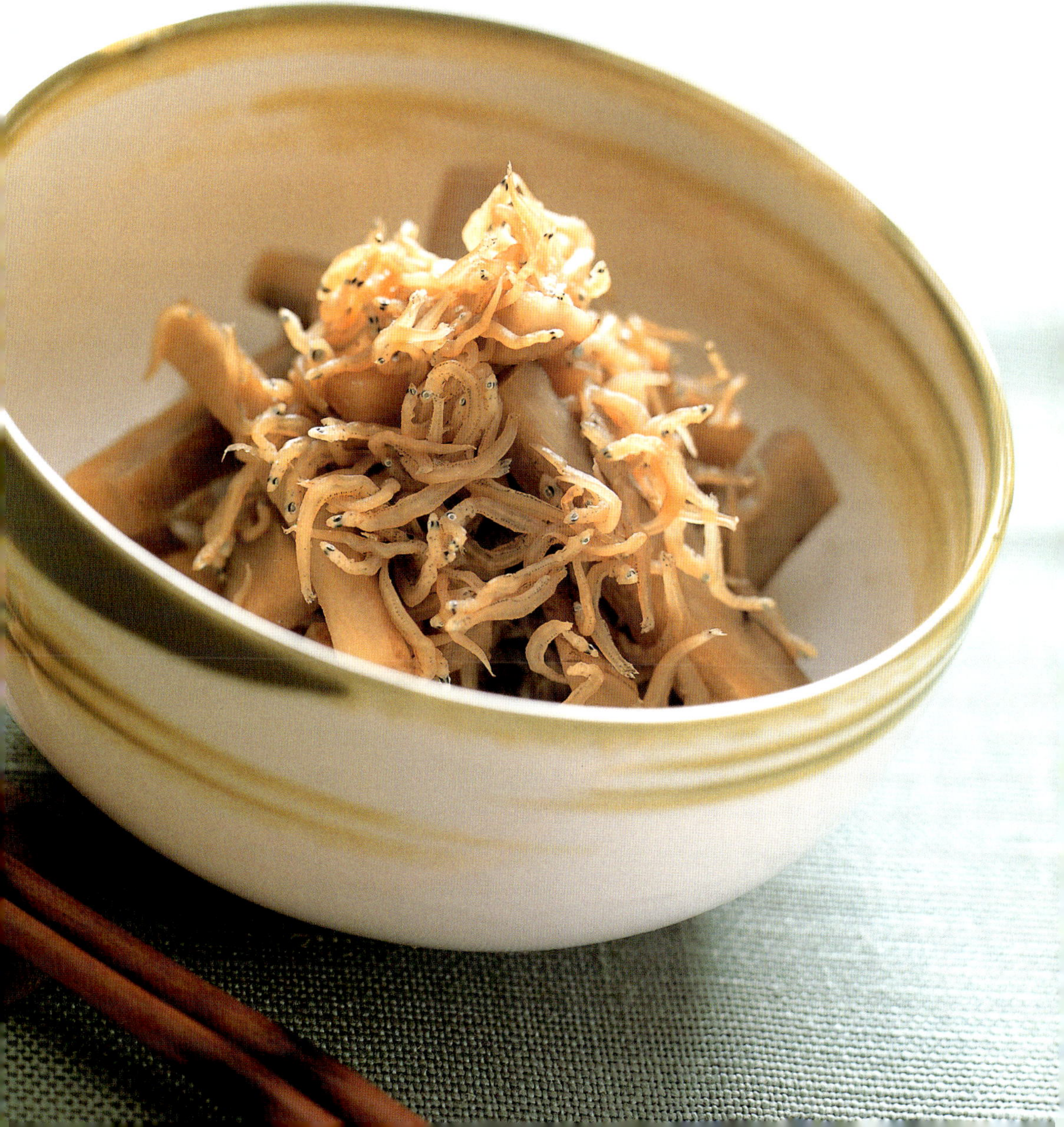

30 kcal / 5分 / 23円

材料

春菊（葉のみ） ………… 20g
レタス ………………… 20g
ドレッシング
　┌ だし汁 …………… 大さじ½
　│ 酢 ………………… 小さじ⅔
　│ しょうゆ ………… 小さじ1
　│ 砂糖 ……………… ひとつまみ
　└ オリーブオイル …… 小さじ½
焼きのり ……………… ⅒枚

作り方

1　春菊、レタスは食べやすい大きさに手でちぎり、器に入れる。
2　ドレッシングの材料を混ぜ合わせ、1にかけてもみのりをふりかける。

春菊とレタスの和風サラダ

ドレッシングは油を少なめにして、その分をだしでカバーしています。ここではオリーブオイルを使っていますが、ごま油でも美味。

春菊と豆腐のザーサイあえ

春菊と豆腐、桜えびを使っているので、カルシウムの補給におすすめ。
春菊の苦みとザーサイの風味がマッチして、オツな味わいです。

材料

春菊 …………………………… 80g
もめん豆腐 ………………… 50g
ザーサイ（びん詰め）……… 10g
ねぎ（みじん切り）………… 小さじ1
塩 ……………………………… 小さじ1/5
しょうゆ …………………… 小さじ1/2
ごま油 ……………………… 小さじ1/4
桜えび ……………………… 5g

作り方

1　春菊はゆでて3〜4cm長さに切る。豆腐はペーパータオルに包んで水気を絞り、ボウルに入れてつぶす。ザーサイは粗みじん切りにする。
2　1とねぎ、塩、しょうゆ、ごま油、桜えびを混ぜ合わせる。

87 kcal　**10分**　**154円**

59 kcal 　10分　145円

材料

大根 …………………… 100g
大根の葉 …………… 20g
かに（生または缶）… 20g
だし汁 ………………… ¾カップ
みりん ………………… 小さじ½
薄口しょうゆ ……… 小さじ1½
片栗粉小さじ1
［水小さじ2］

作り方

1　大根は2～3cmの長さに切り、さらに縦に4等分する。葉はさっとゆでて、1～2cm長さに切る。かにはほぐしておく。
2　鍋にだし汁、大根を入れて煮立て、みりん、しょうゆを加えてふたをする。弱火で大根がやわらかくなるまで煮る。
3　煮上がりに、かに、大根の葉を加えて、さっと煮たら、水溶き片栗粉でとろみをつける。

大根のかにあんかけ

ひとつの鍋で簡単に作れるあんかけです。安価で日頃おなじみの大根も、かにを加えると、ちょっと凝った懐石風メニューの趣になります。

56 kcal 5分 / 93円

大根と桜えびのねぎ炒め

淡泊な味わいの大根に、ねぎの風味と桜えびのうまみがよく合います。大根は歯ごたえがあったほうがおいしいので、炒めすぎないように。

材料

- 大根 …………… 100g
- ねぎ …………… 20g
- 桜えび ………… 5g
- ごま油 ………… 小さじ1/2
- 酒 ……………… 小さじ2
- 塩 ……………… 小さじ1/5
- こしょう ……… 少々

作り方

1　大根は3〜4cm長さの太めのせん切りにする。ねぎは細かく角切りにする。

2　フライパンにごま油を熱し、1と桜えびを炒め、酒、塩、こしょうを加えて炒め合わせる。

トマト

59 kcal / 5分 / 55円

材料
トマト……………………… 小1個（100g）
玉ねぎ…………………… 20g
ドレッシング
　マヨネーズ…………… 小さじ1
　プレーンヨーグルト… 小さじ2
　マスタード…………… 小さじ1/5
　にんにく（おろし）…… 少々
　塩・こしょう………… 各少々

トマトと玉ねぎのサラダ

トマトと玉ねぎだけのシンプルなサラダはドレッシングがポイント。マスタードとにんにくの風味を効かせた低カロリードレッシングです。

作り方

1　トマトは乱切りにする。玉ねぎは薄くせん切りにし、水にさらして水気を切る。
2　器に1を盛り、ドレッシングの材料を混ぜ合わせて、かける。

ドレッシングはマヨネーズを少なめにして、プレーンヨーグルトやマスタードを入れて増量。さわやかな口当たりで、コクがあります。

53 kcal / 5分 / 90円

プチトマトのガーリック炒め

へたを取るだけですぐ使えるプチトマトは、スピードクッキングにおすすめの食材。にんにくといっしょにサッと炒めて、香りのよい一品に。

材料

- プチトマト … 10個
- にんにく … ½片
- オリーブオイル … 小さじ½
- しょうゆ … 小さじ1

作り方

1　にんにくは粗みじん切り、プチトマトはへたを取る。
2　フライパンに、にんにくとオリーブオイルを入れて弱火にかけ、香りが立ったらプチトマトを加えさっと炒める。最後にしょうゆで調味する。

焼きなすのエスニック風サラダ

おなじみの焼きなすも、エスニック風味で新鮮な味わいに。エスニック風ドレッシングは低カロリーなので、ほかの野菜でもお試しを。

材料

なす	2個（120g）
玉ねぎ	20g
ハム	1枚
赤とうがらし	1/4本
香菜（シャンツァイ）	少々
ドレッシング	
┌ ナムプラー	小さじ2
├ レモン汁	小さじ1
└ 砂糖	小さじ1/3

作り方

1　なすはへたを切り、網にのせてころがしながら焼き、皮をむく。斜め切りにしておく。
2　玉ねぎは薄くせん切りにし、水にさらして水気を切る。ハムはせん切り、赤とうがらしは輪切りにする。
3　器になすを盛り、ハムと玉ねぎを混ぜ合わせて、なすの上にのせ、赤とうがらしと香菜を添える。
4　ドレッシングの材料を混ぜ合わせ、3にかける。
*ナムプラーがなければしょうゆで代用

65 kcal　15分　108円

カポナータ

カポナータはいろいろな野菜を煮込んだイタリア料理。
ここで使っている材料がそろわなくても、
キッチンにある野菜を使って気軽に作ってみましょう。

90 kcal　5分　165円

材料

なす	1個(60g)
[塩少々]	
玉ねぎ	30g
ズッキーニ	1/3本(40g)
トマト	小4/5個(80g)
パプリカ	30g
オリーブオイル	小さじ1/2
干しぶどう	5g
塩	小さじ1/5
こしょう	少々
酢	小さじ1/2
砂糖	小さじ1/4
バジル	少々

＊ズッキーニはきゅうりで、パプリカはピーマンで代用しても可

作り方

1　なすは皮をむいて2cmの角切りにし、塩をふって、しばらく置いて水気を絞る。玉ねぎも同様に切り、ズッキーニは輪切り、トマト、パプリカは乱切りにする。
2　鍋にオリーブオイルを熱し、玉ねぎを炒めて、しんなりしたらほかの野菜も入れて炒め合わせる。干しぶどう、塩、こしょうを加えて、ふたをし、弱火で15分煮る。煮上がりに、酢、砂糖を加えて、混ぜ合わせる。
3　器に盛り、バジルを添える。

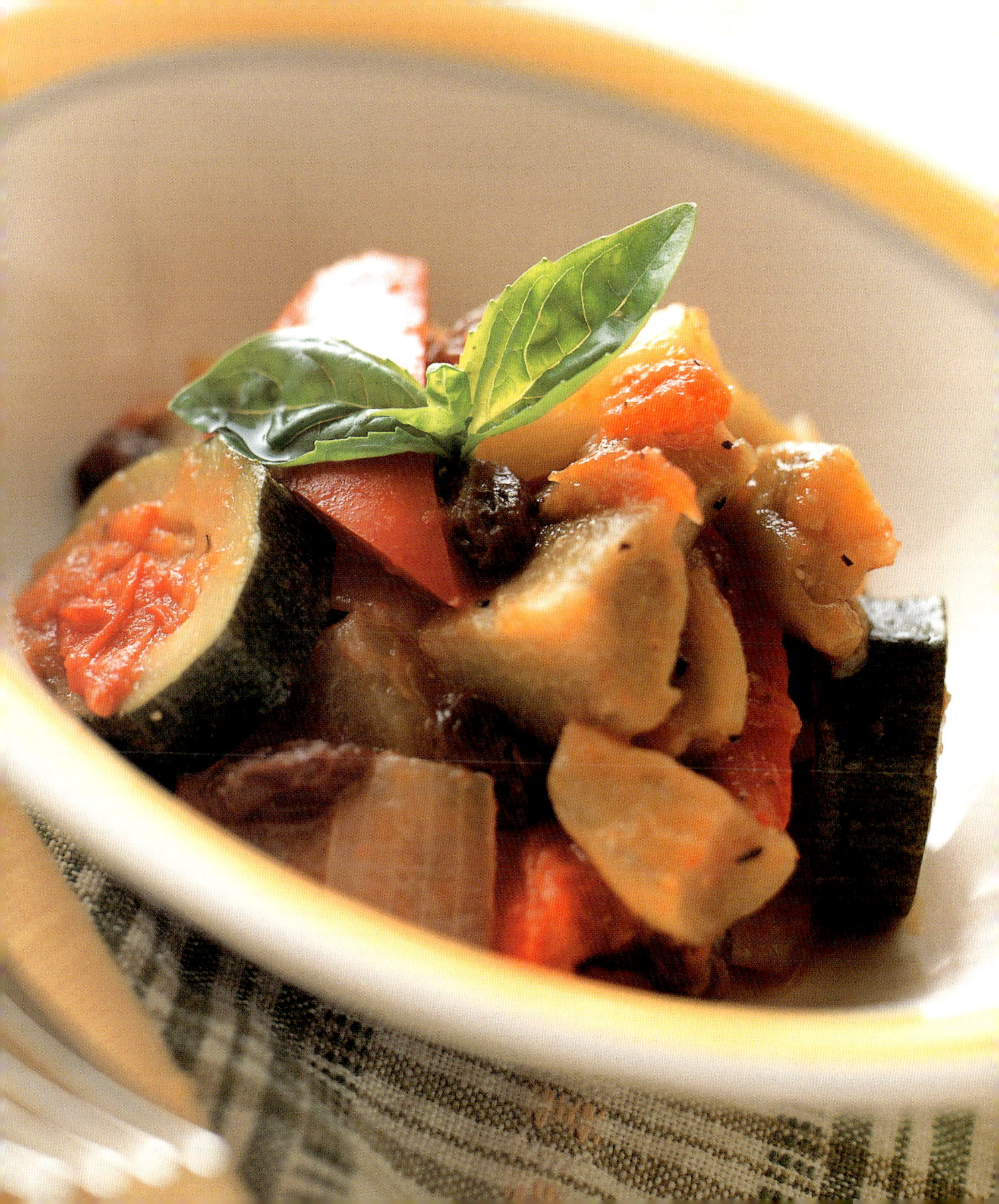

にんじんと
グレープフルーツの
サラダ

野菜とフルーツの組み合わせが新鮮。グレープフルーツの酸味とほのかな甘さで、にんじんの苦手な人でもおいしく食べられるサラダです。

材料

- にんじん …………… 80g
- グレープフルーツ … 40g
- ドレッシング
  - サラダ油 ………… 小さじ1/2
  - レモン汁 ………… 小さじ1
  - 塩 ………………… 小さじ1/8
  - こしょう ………… 少々
  - はちみつ ………… 小さじ1/2

作り方

1　にんじんは長めの短冊切りにし、グレープフルーツはほぐしておく。
2　ドレッシングの材料を混ぜ合わせ、にんじんとあえ、さらにグレープフルーツを加えて、混ぜ合わせる。

74kcal　5分　49円

62 kcal　**5分**　**44円**

にんじんとさやえんどうの ケチャップ炒め

お肌のためにも、ぜひおすすめしたい緑黄色野菜のコンビ。ただ炒めるだけなので、朝食のメニューにも向いています。

材料
- にんじん …………… 60g
- さやえんどう ………… 20g
- バター ……………… 小さじ½
- 調味料
  - トマトケチャップ … 小さじ2
  - しょうゆ ………… 小さじ1
  - こしょう・塩 …… 各少々

作り方
1　にんじんは3cm長さの薄切り、さやえんどうはすじを取る。
2　フライパンにバターを溶かし、1を入れて炒め、火が通ったら、調味料の材料を入れて炒め合わせる。

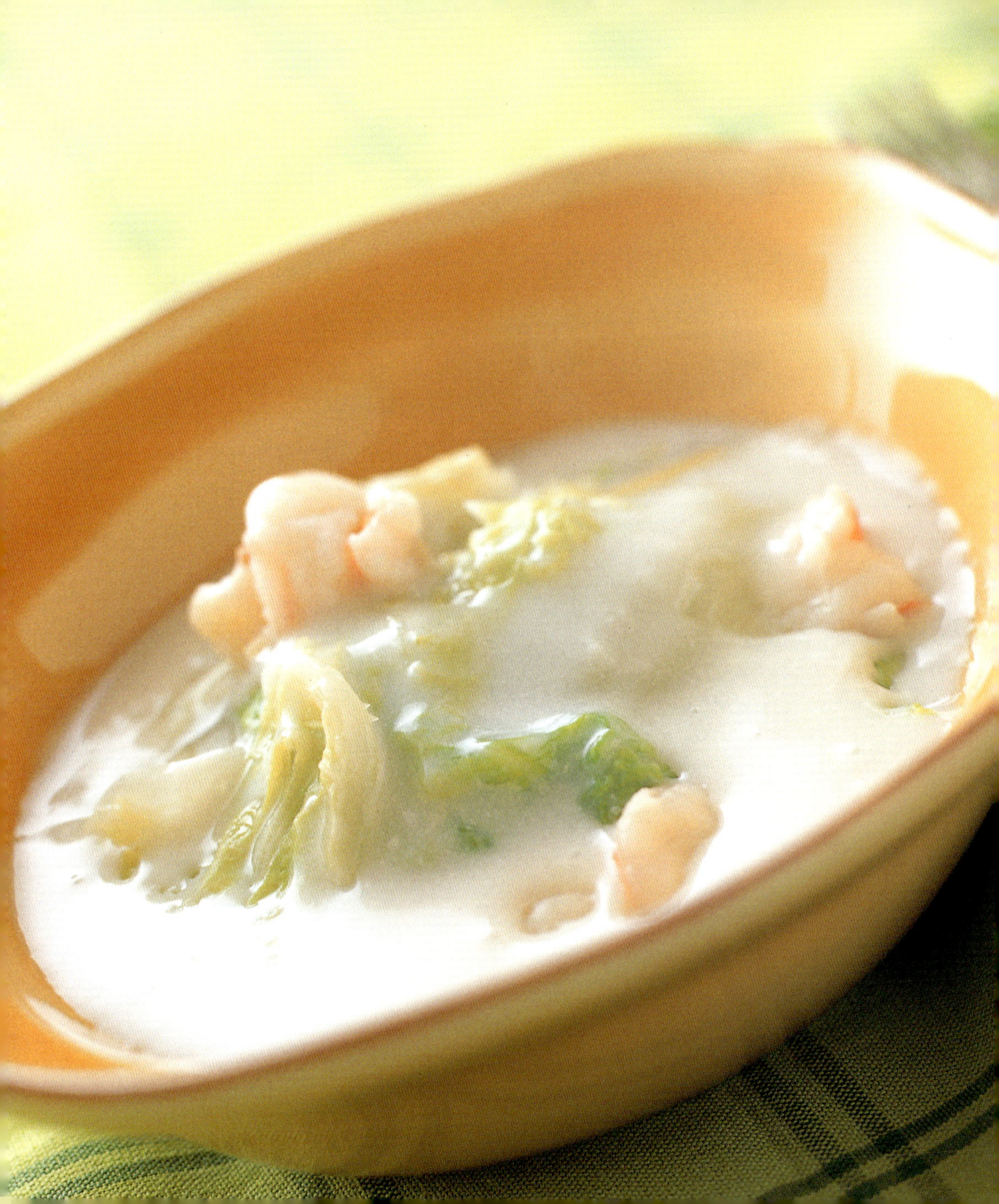

78 kcal 10分 108円

白菜とえびのミルク煮

パンにもご飯にも合うサブディッシュ。しょうがを入れることでミルク特有の臭みが消え、クリーミーで上品な味わいに仕上がります。

材料

白菜	小2枚（100g）
しょうが（薄切り）	1枚
えび	中2本（30g）
スープ	
┌中華スープの素	ひとつまみ
│水	¼カップ
└酒	大さじ½
塩	小さじ¼
こしょう	少々
牛乳	¼カップ
片栗粉	小さじ½
［水小さじ1］	

作り方

1　白菜は大きめのそぎ切りに、しょうがはせん切りにする。えびは背わたと殻を取り、厚みを半分に切る。

2　鍋にスープの材料を煮立て、1を入れて煮て、塩、こしょうで調味する。さらに、牛乳も加えて煮立てる。最後に、水溶き片栗粉でとろみをつける。

ミルク煮はかなり牛乳を使うので、不足しがちなカルシウム補給のためにもおすすめです。

71 kcal
5分
63円

白菜とささ身の ごまサラダ

淡泊な味わいの白菜とささ身のサラダは、すりごまを入れたドレッシングが決め手。サラダなのにコクがあって、食べごたえがあります。

材料

白菜	小1枚(50g)
鶏ささ身	1/2本(30g)
[塩・こしょう各少々、酒小さじ1]	
ドレッシング	
すりごま	小さじ1
しょうゆ	小さじ2
砂糖	小さじ1/3
酢	小さじ1

作り方

1 ささ身は塩、こしょうをし、酒をふりかけてラップをし、電子レンジで1分加熱する。冷ましてから細かく裂いておく。
2 白菜は3cm長さのせん切りにして、水につけ、パリッとさせたら、よく水気を切る。
3 ドレッシングの材料は混ぜ合わせておく。
4 1と2を混ぜ合わせて器に盛り、3をかける。

ピーマンと油揚げの炒め煮

ピーマンは栄養があって、おまけに安いので、もっと活用したいもの。油揚げのうまみを生かした炒め煮なら、たくさん食べられます。

56 kcal　5分　57円

材料

ピーマン ……… 2½個（50g）
油揚げ ………… 5g
ごま油 ………… 小さじ½
煮汁
　だし汁 ……… ¼カップ
　しょうゆ …… 小さじ1
　砂糖 ………… 小さじ⅓
　酒 …………… 小さじ1

作り方

1　ピーマンは乱切りにし、油揚げは熱湯にくぐらせて油抜きをしてから、短冊に切る。
2　鍋にごま油を熱し、ピーマンを炒める。全体に油が回ったら、煮汁の材料と油揚げを入れ、ふたをして煮る。沸騰後、弱火にして10分煮る。

ブロッコリーとアンチョビの
ガーリック蒸し煮

アンチョビから脂とだしが出て、ブロッコリーをおいしくしてくれます。
アンチョビの臭みはにんにくといっしょに使うと気になりません。

材料

ブロッコリー	80g
にんにく	¼片
アンチョビ	1本
白ワイン	大さじ1
塩	小さじ⅙
こしょう	少々

作り方

1　ブロッコリーは小房に分け、にんにくは粗みじん切り、アンチョビは細かく切る。
2　鍋に1と白ワイン、塩、こしょうを入れ、ふたをして、弱火で7〜8分蒸し煮にする。

鍋に全部の材料を入れて蒸し煮にするだけの簡単メニュー。鍋を火にかけたら、出来上がるまでの間に、メインディッシュの調理ができます。

40 kcal　5分　62円

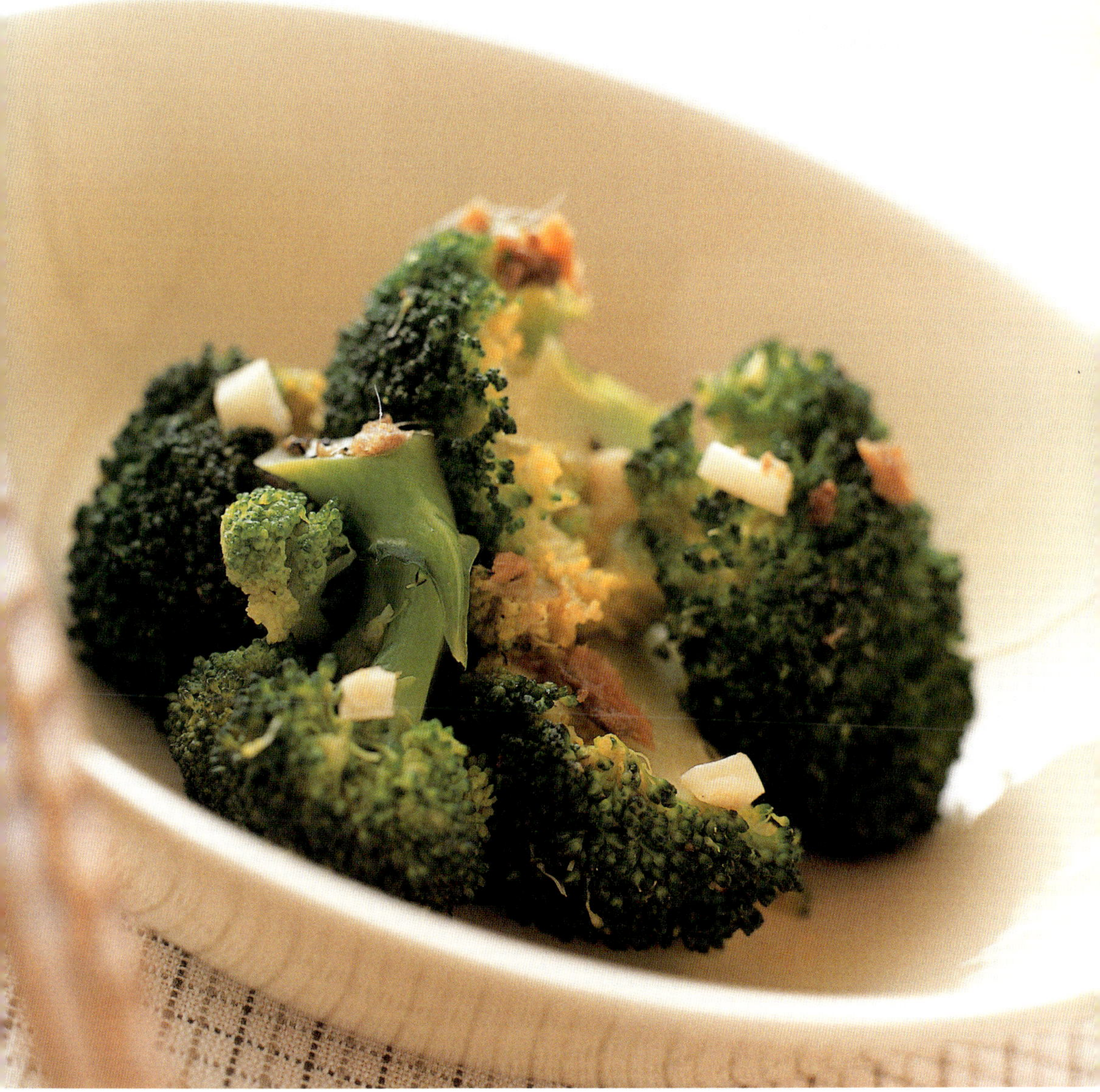

ブロッコリーの ごまからしあえ

52 kcal　5分　51円

ブロッコリーと相性のいいマヨネーズは高カロリー。そこで、コクがあって香りのよいごまからしあえにして、カロリーダウンしてみました。

材料

ブロッコリー ……… 80g
調味料
- すりごま ………… 小さじ1
- ねりからし ……… 小さじ1/5
- しょうゆ ………… 小さじ1
- 砂糖 …………… 小さじ1/3

作り方

1　ブロッコリーは小房に分けて、ラップで包み、電子レンジで1分40秒加熱してから冷ます。
2　調味料の材料を混ぜ合わせて、1とあえる。

70 kcal 5分 40円

ほうれんそうの
ピーナッツ酢みそかけ

ほうれんそうのおひたしに飽きたら、このメニューをどうぞ。風味のあるピーナッツ酢みそは、小松菜やチンゲンサイにもよく合います。

材料

ほうれんそう ………… 80g
調味料
┌ ピーナッツバター …… 小さじ1
│ みそ ………………… 小さじ1
│ 酢・しょうゆ ……… 各小さじ1/2
└ 砂糖 ………………… 小さじ1/3

作り方

1　ほうれんそうはゆでて、水につけてから水気を絞り、3〜4cm長さに切って、器に盛る。
2　調味料の材料を混ぜ合わせて、1にかける。

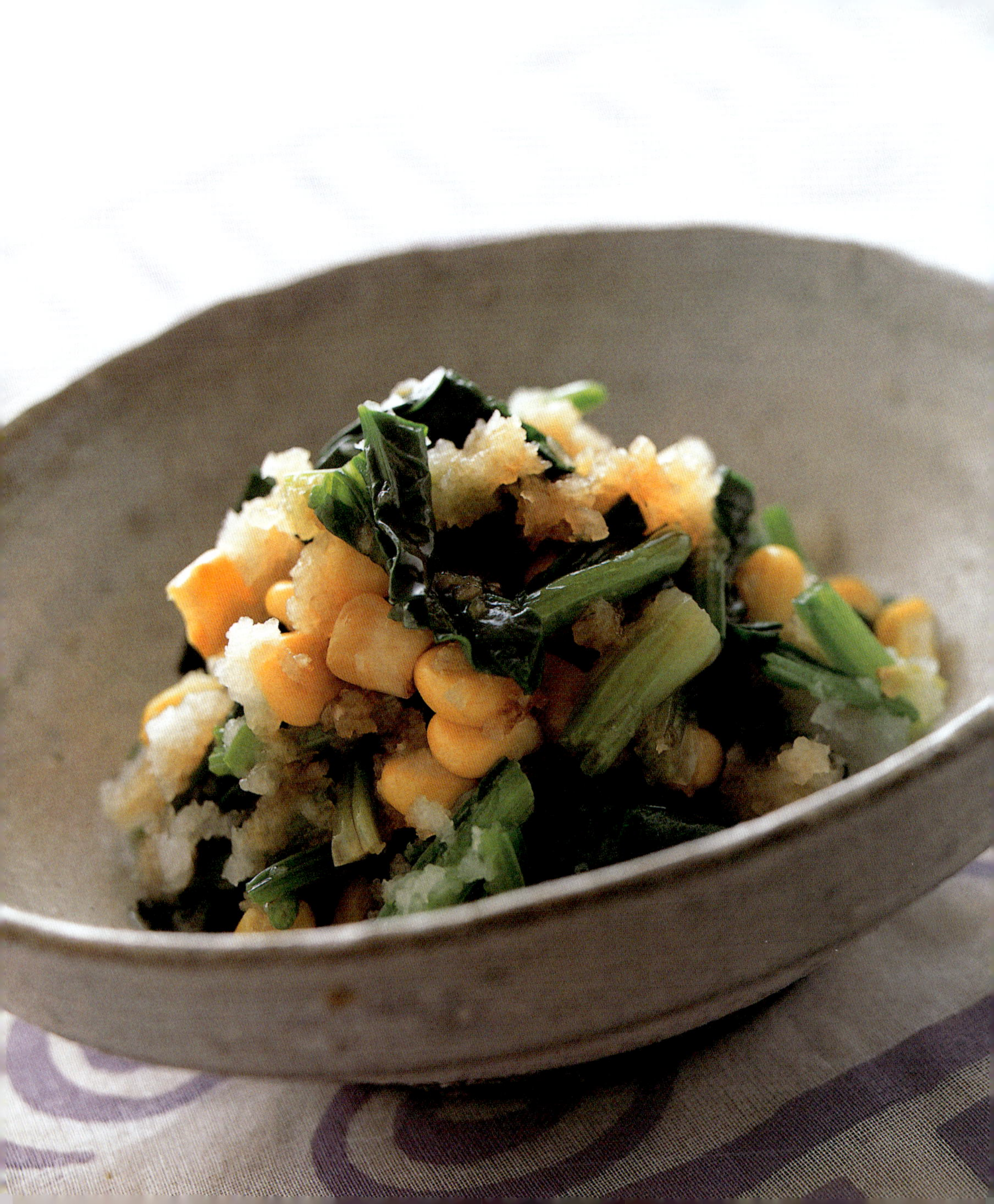

45 kcal / 5分 / 47円

材料
- ほうれんそう …………… 60g
- 冷凍コーン …………… 20g
- 大根おろし …………… 40g
- ポン酢しょうゆ ………… 適量

ほうれんそうとコーンのおろしあえ

ほうれんそうにコーンと大根おろしをたっぷり入れて、野菜が120gも取れるヘルシーなサブディッシュ。ポン酢しょうゆでさっぱりといただきます。

作り方

1　ほうれんそうはゆでて、水につけてから水気を絞り、3～4cm長さに切る。冷凍コーンも同じ鍋でゆでて、解凍する。
2　軽く汁気を切った大根おろしと1をあえて器に盛り、ポン酢しょうゆをかける。

ほうれんそうはカロチンやビタミンCが多いだけでなく、鉄分も豊富。貧血予防のためにも、積極的に食べるようにしましょう。

62 kcal 5分 / 45円

もやしとウィンナのカレー炒め

ウィンナソーセージのうまみとカレー風味で、もやしのおいしさを再発見。パンにもご飯にも合う簡単メニューなので、朝食におすすめです。

材料

もやし	80g
ウィンナソーセージ	小1本(10g)
サラダ油	小さじ½
カレー粉	小さじ¼
塩	小さじ⅙
こしょう	少々

作り方

1　ウィンナソーセージは薄い輪切りにする。
2　フライパンに油を熱し、もやし、1を炒めて、カレー粉、塩、こしょうを加え、炒め合わせる。

27 kcal ／ 5分 ／ 64円

材料

- もやし ……………… 60g
- メンマ(びん詰め) … 20g
- しょうゆ …………… 小さじ1

作り方

1 もやしは耐熱皿に入れて、ラップをかけ、電子レンジで1分20秒加熱する。
2 メンマはせん切りにして、1とあえ、しょうゆで調味する。

もやしのメンマあえ

火を使わず、電子レンジだけですぐ出来る超スピード料理。カロリーも低いので、夕食にあと一品ほしいときに便利なサブディッシュです。

きのこたっぷりけんちん汁

ノンカロリーのきのこをたくさん使って、食べごたえのあるけんちん汁にしてみました。食物繊維がたくさん取れるヘルシーメニューです。

材料

- まいたけ ………… 30g
- しめじ ………… 1/4パック(20g)
- えのき ………… 1/4パック(20g)
- 大根 ………… 30g
- にんじん ………… 10g
- ごぼう ………… 5g
- もめん豆腐 ………… 20g
- だし汁 ………… 1 1/4カップ
- 酒 ………… 小さじ1
- 塩 ………… 小さじ1/5
- しょうゆ ………… 小さじ1 1/2
- 万能ねぎ ………… 1本
- 七味とうがらし ………… 適宜

作り方

1　大根、にんじんは乱切り、ごぼうはささがきにし、水にさらす。まいたけ、しめじは石づきを取り、小房に分ける。えのきは根元を切る。

2　鍋にだし汁、大根、にんじん、ごぼうを入れてふたをして煮る。まいたけ、しめじ、えのきを加えて、さっと煮たら、酒、塩、しょうゆで調味する。最後に小さく切った豆腐も入れて、ひと煮立ちさせたら器に盛る。

3　小口切りにした万能ねぎを散らし、七味とうがらしをふる。

45 kcal　5分　95円

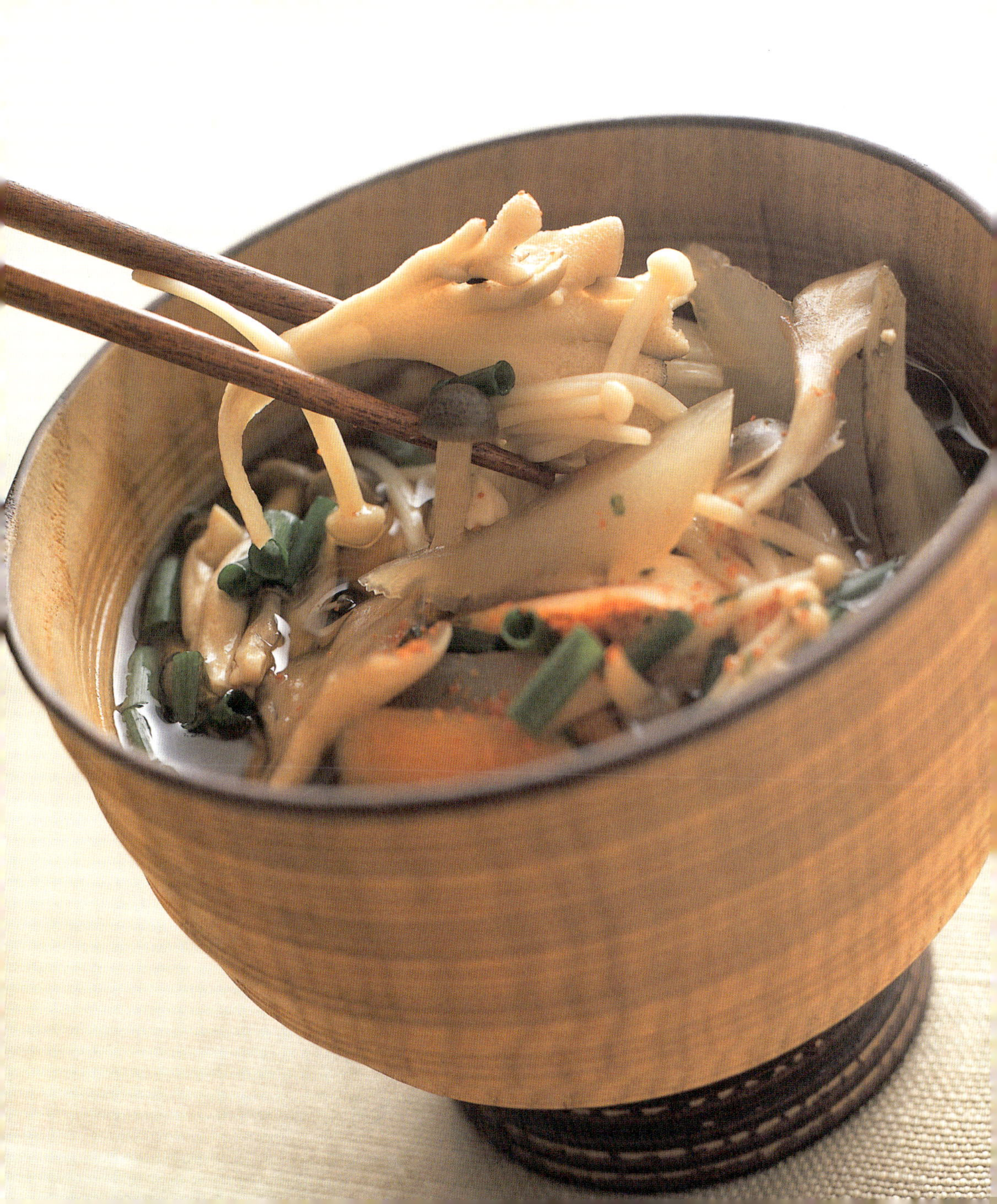

きのこの
トマトチーズ焼き

オーブン料理ですが、1〜2人分ならオーブントースターでもOK。きのこ独特のうまみを、チーズがさらに引き立ててくれます。

65 kcal　5分　158円

材料
- エリンギ …………………1本(40g)
- 生しいたけ …………………2枚
- トマト(缶) …………………50g
- [塩小さじ1/5、こしょう少々]
- ピザ用チーズ ………………10g
- 粉チーズ …………………小さじ1/2

作り方
1　エリンギは石づきを切り、薄切りにする。生しいたけも石づきを取り、4つに切る。
2　トマトはつぶし、塩、こしょうを混ぜ合わせ、ソースを作る。
3　焼き皿に1を入れて、2のソースをかけ、上から2種のチーズをふりかけて、オーブントースターで約10分焼く。

材料

- しめじ ………… ½パック(40g)
- かぶ …………… 大1個(100g)
- かぶの葉 ……… 30g
- スープ
  - ┌ コンソメの素 … ¼個
  - └ 水 …………… 1カップ
- 塩 ……………… 小さじ¼
- こしょう ……… 少々

作り方

1　しめじは石づきを取り、小房に分ける。かぶは皮をむき、4等分に切る。葉はさっとゆでて3〜4等分に切る。
2　鍋にスープの材料とかぶ、しめじを入れて、火にかける。沸騰したらふたをして弱火でかぶがやわらかくなるまで煮る。葉を加えてさっと煮たら、塩、こしょうで味をととのえる。

しめじとかぶの スープ煮

しめじとかぶをコンソメスープで煮込み、薄味で仕上げています。ビタミンが豊富なかぶの葉もいっしょに使って、彩りを添えましょう。

36 kcal ／ 5分 ／ 79円

さつまいもと あんずの甘煮

さつまいもはカロリーが高めなので、油を使わない料理にしてみました。さつまいもも干しあんずも甘みがあるので、箸休めにぴったり。

材料

- さつまいも ………… 40g
- 干しあんず ………… 1½個(10g)
- 砂糖 ………………… 小さじ½
- 白ワイン …………… 大さじ1

作り方

1 さつまいもは太めのせん切りにし、水にさらす。あんずもせん切りにする。
2 耐熱の器に1と砂糖、白ワインを入れて混ぜ合わせ、ラップをし、電子レンジで2分加熱する。

88 kcal / 5分 / 47円

89 kcal / 5分 / 50円

ごま風味レンジポテト

電子レンジでチンしただけなのに、ほくほくとおいしいポテト料理ができました。すりごまの香ばしさが味のキーポイントです。

材料

- じゃがいも ……………… 小1個(100g)
- しょうゆ ………………… 小さじ1
- すりごま ………………… 小さじ1/2
- 青のり …………………… 少々

作り方

1　じゃがいもは洗い、皮つきのままラップに包んでから、電子レンジで2～2分10秒加熱し、熱いうちに皮をむく。
2　1をボウルに入れて、4～5つに割り、しょうゆ、すりごま、青のりを混ぜ合わせる。

じゃがいも

じゃがいも

じゃがいものめんたいこあえ

めんたいこの辛みと、じゃがいものソフトな味わい。
対照的だからこそ相性がいい2つを使って、
シンプルなあえものを作ってみましょう。

材料

じゃがいも ………………… 小½個（50g）
めんたいこ ………………… 10g
塩 …………………………… 少々

作り方

1　じゃがいもはせん切りにし、水にさらす。耐熱の皿に広げるように置き、ラップをして電子レンジで1分加熱し、冷ます。
2　めんたいこはほぐし、1とあえて、塩で味をととのえる。

51 kcal　5分　91円

せん切りにしたじゃがいもは、加熱する前に水にさらしてください。表面のデンプン質が取れて、サラッと口当たりがよくなります。

52 kcal / 5分 / 84円

こんにゃくとピーマンのきんぴら

ノンカロリーのこんにゃくを、ピーマンといっしょにきんぴらにしてみました。ごぼうのきんぴらより、ビタミンが豊富で低カロリーです。

材料

- こんにゃく ……… 1/5枚（50g）
- ピーマン ………… 1個（20g）
- パプリカ ………… 1/5個（20g）
- ごま油 …………… 小さじ1/2
- 調味料
  - しょうゆ ……… 小さじ2
  - 酒 ……………… 小さじ2
  - 砂糖 …………… 小さじ1
  - 塩 ……………… 少々

作り方

1　こんにゃくは短冊切りにし、ゆでる。ピーマン、パプリカはせん切りにする。
2　フライパンにごま油を熱して1を炒め、調味料を加えて炒め合わせる。

＊パプリカがない場合は、ピーマンを倍量にする

しらたきと万能ねぎのおかか炒め

しらたきはノンカロリーなので、たくさん食べても大丈夫。香味のある万能ねぎと組み合わせ、最後におかかをたっぷり入れてください。

材料

- しらたき ……… 80g
- 万能ねぎ ……… 20g
- サラダ油 ……… 小さじ½
- しょうゆ ……… 大さじ½
- 酒 …………… 大さじ1
- おかか ………… 小パック¼袋

作り方

1　しらたきは食べやすいように包丁を入れて、ゆでる。万能ねぎは4～5cmの長さに切る。
2　フライパンに油を熱し、しらたきを炒め、万能ねぎ、しょうゆ、酒を加えて炒め合わせる。最後に、おかかを入れて混ぜ合わせる。

38 kcal ／ 5分 ／ 120円

50 kcal　**5分**　**65円**

わかめと牛肉のスープ

わかめのスープは、牛ひき肉と香味野菜を入れるとグーンとおいしくなります。せりがないときは、みつばを使ってみましょう。

材料

わかめ（塩漬け）	5g
牛赤身ひき肉	30g
［しょうゆ・酒各小さじ½］	
せり	10g
ねぎ	3cm
スープ	
┌中華スープの素	小さじ¼
└水	1カップ
塩	小さじ⅓
こしょう	少々

作り方

1　わかめは洗ってから水で戻し、ひと口大に切る。ひき肉は酒、しょうゆを混ぜ合わせる。せりは3～4cm長さに切り、ねぎはせん切りにする。

2　鍋にスープの材料を煮立て、ひき肉をほぐし入れて火を通し、わかめ、せりを加えて、塩、こしょうで調味する。最後に、ねぎも加えてひと煮立ちさせる。

海藻類はきのこやこんにゃくなどと同じく、ノンカロリーなうえ、食物繊維が豊富。ダイエット中はとくにたくさん取るようにしましょう。

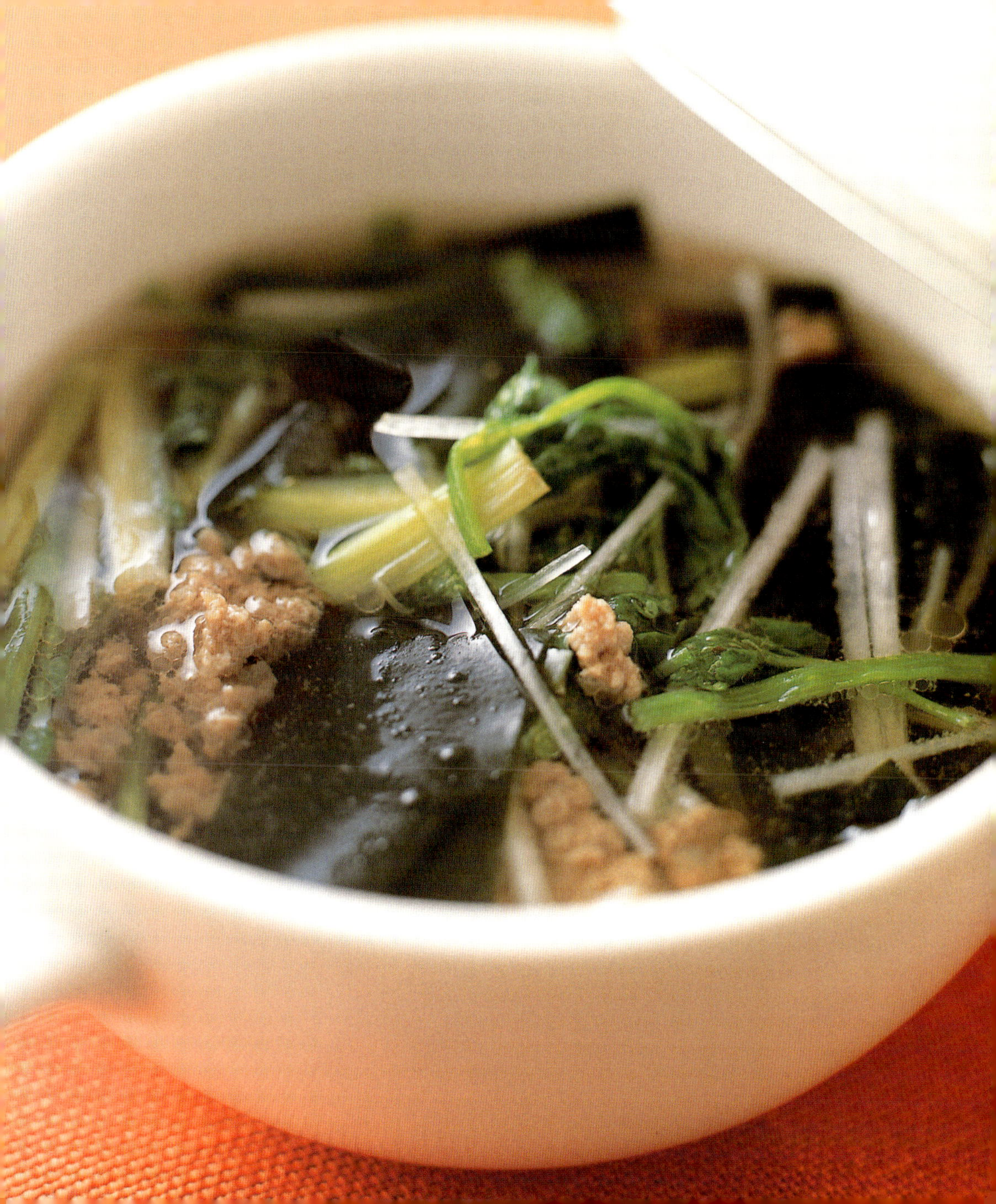

わかめ、たこ、きゅうりの にんにく酢あえ

低カロリーの素材を集めた酢のものは、にんにくをちょっと加えてアレンジ。酢とにんにくの組み合わせは思いがけないおいしさです。

材料

わかめ（塩漬け）… 5g
きゅうり ………… 1/3本（30g）
[塩少々]
ゆでだこ ………… 30g
にんにく ………… 少々
調味料
  酢 …………… 大さじ1
  砂糖 ………… 小さじ1 1/3
  塩 …………… 小さじ1/5

作り方

1　わかめは洗い、水につけて戻し、ひと口大に切る。きゅうりはジャバラに切れ目を入れ、1～1.5cm幅に切り、塩を混ぜ合わせてしんなりさせる。たこは輪切りにする。
2　にんにくはみじん切りにし、調味料と混ぜ合わせる。
3　器にわかめと水気を切ったきゅうり、たこを盛り、2をかける。

52 kcal　5分　86円

材料

ひじき(乾燥) ………… 10g
にんじん ……………… 15g
しょうが(薄切り) …… 1枚
調味料
　┌酢 ………………… 小さじ1
　│しょうゆ ………… 小さじ2
　│ごま油 …………… 小さじ1/4
　└砂糖 ……………… 小さじ1/3
赤とうがらし ………… 1/4本

作り方

1　ひじきはさっと洗い、水につけて戻す。にんじんは4〜5cmの細いせん切りに、しょうがもせん切りにする。赤とうがらしは輪切りにする。

2　1のひじきはゆでて、ざるに取り、熱いうちに、調味料、しょうが、赤とうがらしと混ぜ、そのまま5〜6分置く。最後ににんじんを加えて、混ぜ合わせる。

ひじきの中華漬け

ひじきはノンカロリーでヘルシーとわかっていても、なかなかたくさんは食べられないもの。でも、中華漬けにすると箸が進みます。

44 kcal　5分　45円

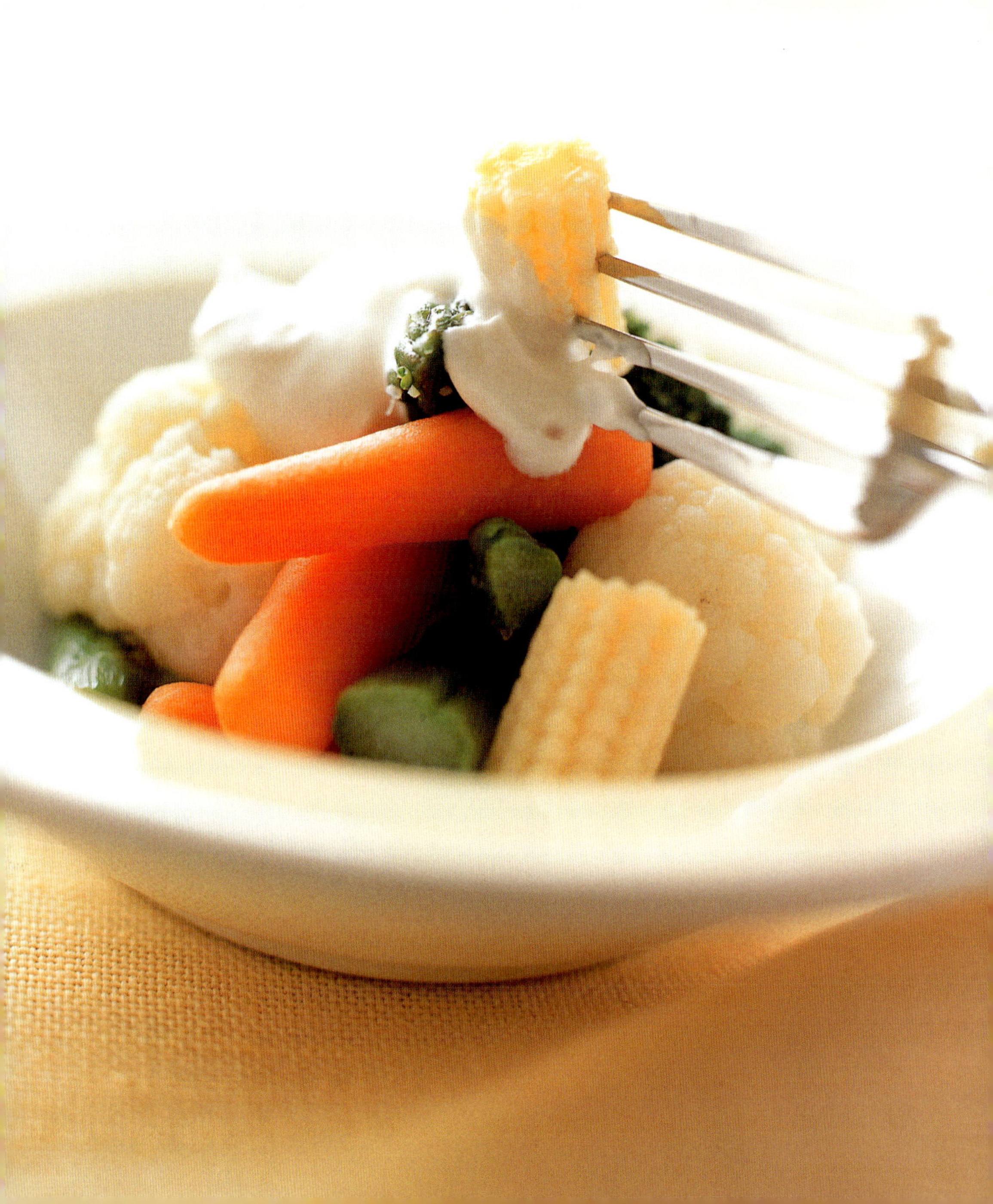

冷凍野菜ミックスの
ホットサラダ

冷凍野菜ミックスを使って、あっという間にできるホットサラダ。ドレッシングはカッテージチーズを使っているので低カロリーです。

材料

冷凍野菜ミックス ……………………… 80g
ドレッシング
┌ カッテージチーズ（クリームタイプ）… 20g
│ マヨネーズ ……………………… 小さじ1
│ レモン汁 ……………………… 小さじ1/2
└ 塩・こしょう ……………………… 各少々

作り方

1　冷凍野菜ミックスはゆでて、熱々を器に盛る。
2　ドレッシングの材料を混ぜ合わせて、1にかける。

冷凍野菜の上手な使い方

　野菜は下ごしらえが面倒ですが、冷凍野菜を使えば調理時間がかなり短縮できます。
　ここで紹介している冷凍野菜ミックスのほか、グリンピースやコーン、にんじんの入ったミックスベジタブルも使い勝手がいいのでおすすめです。スープや炒めものなどに入れると、ビタミンや食物繊維が補給できるうえ、彩りもよくなります。
　その他、アスパラガス、ほうれんそう、かぼちゃなど、最近は単品の冷凍野菜も種類が豊富になっています。時間のないときには上手に利用して、野菜不足にならないようにしましょう。

73 kcal　**5分**　**89円**

おいしいダイエット・レシピの秘密 2

［調理器具の選び方・使い方で油の使用量が大きく違ってきます］

調理器具を上手に使えば、油の量をかなり減らすことができます。ダイエットをスタートするときに、まず、そろえたいのが電子レンジとフッ素樹脂加工のフライパン。この2つが、調理に使う油を減らすのに大活躍してくれます。

炒めものは、いかに油を少なく使って、油の吸収率を抑えるかがキーポイント。とくに野菜は生のまま炒めると、油がたくさん必要です。カロリーを抑えようと油の量を少なくすると、中まで火が通りません。そこで、油を足したりすると、炒め上がるまでに野菜が油をたくさん吸収してしまいます。

解決策は、炒める前に、電子レンジで一度加熱すること。そうすれば、野菜の表面をサッと炒めればいいので、油の量は少なくてもすみます。また、短時間で炒めれば、それだけ油の吸収率を抑えることができます。

油で調理する前に電子レンジでチン

フライパンはフッ素樹脂加工が◎

ぜひ用意してほしいのが、フッ素樹脂加工のフライパン。炒めものを作るときに、ふつうの鉄製のフライパンより、油の量が少なくても調理できます。

フライパンはできれば小さめのものを選びたいもの。フライパンが大きいと油が広がってしまうので、結果的に多くの油を使うことになるからです。

なお、鉄製のフライパンを使う場合は、よく使い込んだものがおすすめ。使い込んで油が鉄にしみ込んだフライパンは、新品のものより、炒めものに使う油がかなり少なくても大丈夫です。

400kcal以下の
ワンディッシュメニュー

主食とおかずが一皿で
いっぺんに食べられるのがうれしい。

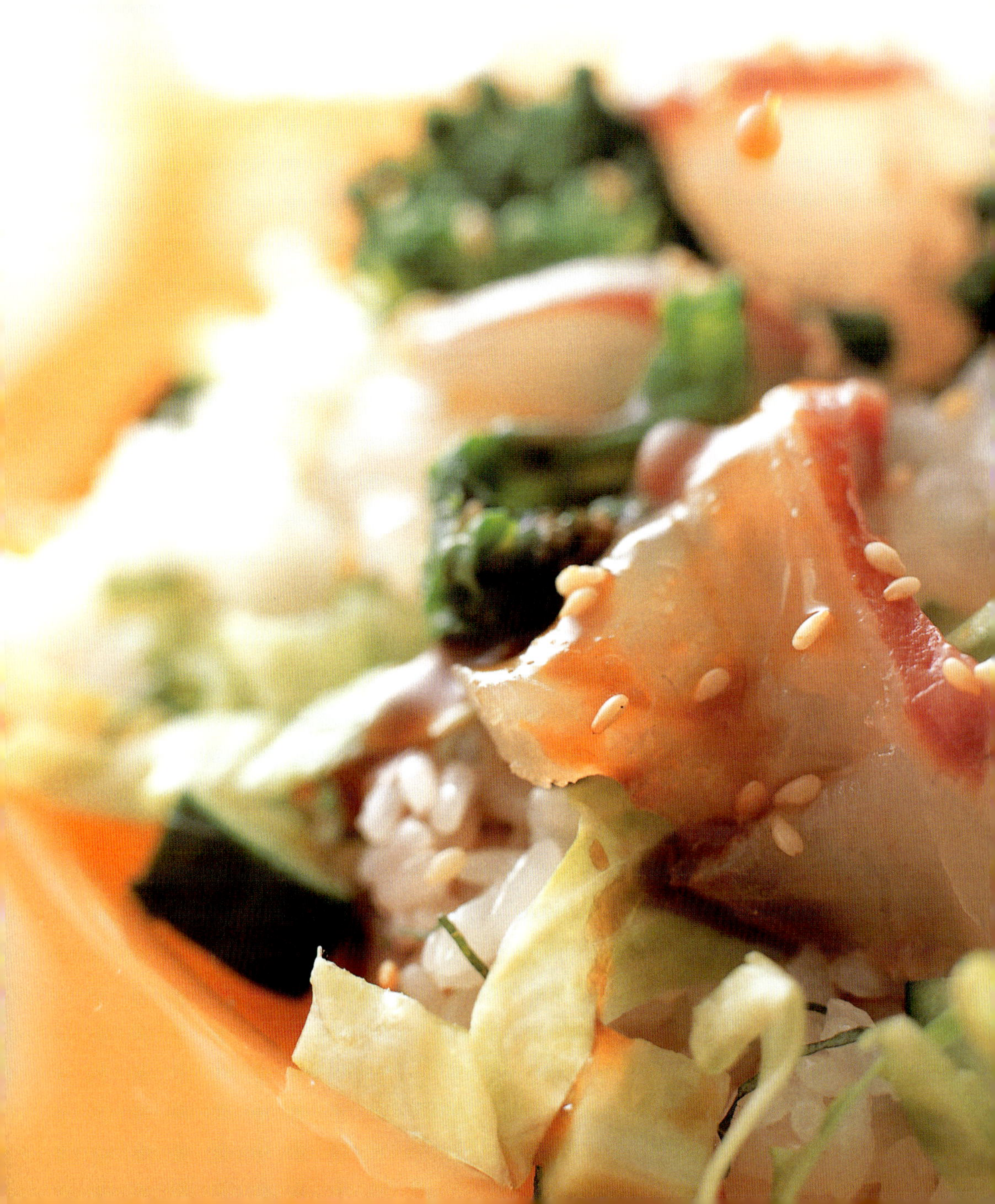

385 kcal　15分　623円

お刺し身サラダちらし

低脂肪の鯛と野菜をたくさん使って、ご飯は少なめにしたちらしずし。ランチのおもてなしにもおすすめの豪華なダイエットメニューです。

材料

ご飯	140g
合わせ酢	
酢	小さじ2
砂糖	小さじ2/3
塩	小さじ1/4
レタス	2/3枚(20g)
きゅうり	1/3本(30g)
大葉	1枚
菜の花	3本(30g)
鯛の刺し身(薄切り)	80g
ごま	少々
たれ	
しょうゆ	大さじ1/2
酢	小さじ1/2
練りわさび	小さじ1/4

作り方

1　レタス、大葉はせん切り、きゅうりは1cm角の角切りにする。
2　菜の花はさっとゆで、3cm長さに切る。
3　炊きたてのご飯に、合わせ酢を混ぜ合わせ、すし飯を作る。少しさめたら、1を加えて混ぜ合わせ、器に盛る。
4　3の上に刺し身と2を盛り合わせ、ごまをふる。たれの材料を合わせたものをかける。

ご飯

ドライカレー風かけご飯

カレーライスやドライカレーは高カロリーなので、食べたくなったときはこのメニューをどうぞ。バター小さじ1杯しか油を使っていません。

335 kcal　10分　322円

材料

ご飯	100g
牛赤身ひき肉	70g
セロリ	1/3本(30g)
玉ねぎ	30g
ピーマン	1/2個(10g)
トマト	小1/2個(50g)
にんにく	少々
バター	小さじ1
調味料	
┌ カレー粉	小さじ1/2
│ トマトケチャップ	小さじ1
│ しょうゆ	小さじ1
└ 塩	小さじ1/6
香菜(シャンツァイ)	少々

作り方

1　セロリ、玉ねぎ、ピーマンはせん切り、トマトは角切り、にんにくはみじん切りにする。

2　フライパンにバター、にんにくを入れて弱火にかけ、香りが出たら、ひき肉を加えて炒める。火が通ったら、セロリ、玉ねぎ、ピーマン、トマトを加えて炒め合わせ、調味料で味をととのえる。

3　器に炊きたてのご飯を盛り、2をかけて、香菜をのせる。

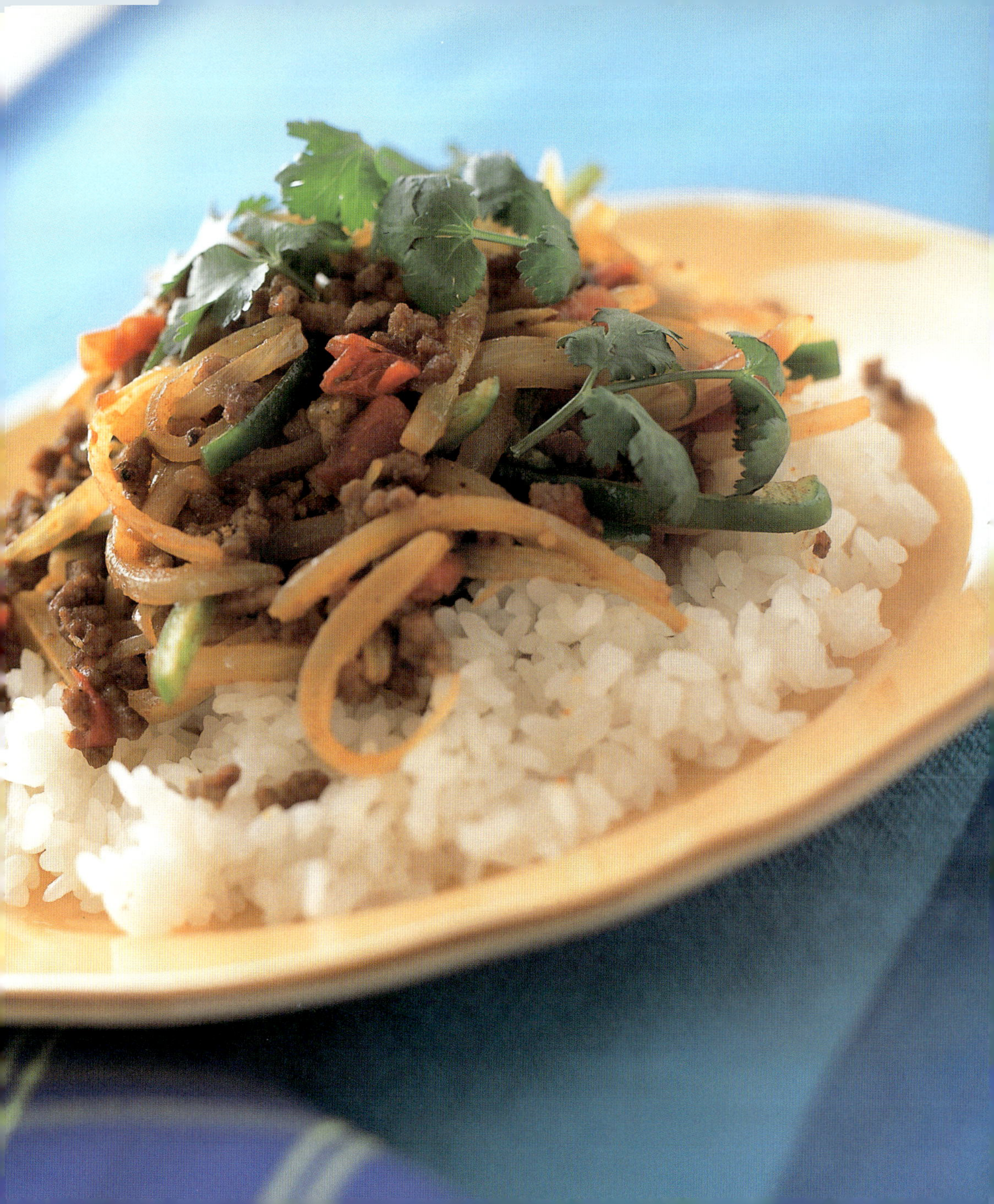

ほたてとブロッコリーのトマトチャーハン

緑黄色野菜をたくさん使ったヘルシーなチャーハンです。ほたては淡泊なので、調味料にはタバスコを加えてアクセントをつけました。

材料

- ご飯 …………………… 140g
- 玉ねぎ …………………… 30g
- トマト …………………… 小½個(50g)
- ほたて貝柱 …………… 大2個(80g)
- [塩・こしょう各少々]
- ブロッコリー …………… 30g
- にんにく ………………… 少々
- オリーブオイル ………… 小さじ1
- 調味料
  - 塩 …………………… 小さじ⅓
  - こしょう・タバスコ … 各少々

作り方

1　玉ねぎとトマトは小さく角切りにする。ほたては手で割り、塩、こしょうをする。ブロッコリーは小さく切り、ラップに包んでから電子レンジで30秒加熱する。にんにくはみじん切りにする。

2　フライパンにオリーブオイル、にんにくを入れて弱火にかけ、香りが出たら、ほたて、玉ねぎを炒めて、ほたてに火が通ったら、トマトを加える。トマトがつぶれたらご飯を加えて調味料で味をととのえ、最後にブロッコリーを混ぜ合わせる。

361 kcal　15分　570円

材料

- 中華生めん ……………… 2/3玉(80g)
- 鶏胸肉(皮なし) ………… 70g
- [水2カップ、しょうが(薄切り)1/2枚、ねぎ(青い部分)3cm]
- もやし ……………………… 80g
- スープ
  - 中華スープの素 ……… 小さじ1/4
  - 塩 …………………………… 小さじ4/5
  - こしょう ………………… 少々
  - 酒 …………………………… 大さじ1/2
  - ごま油 …………………… 小さじ1/4
- チンゲンサイ …………… 1/2株(50g)
- ねぎ ………………………… 3cm

※市販の中華スープ(濃縮タイプ)を使うときは、白く固まった脂肪を捨てるとカロリーダウンします。

作り方

1　鍋に水を入れて煮立て、鶏肉、しょうが、ねぎ(青い部分)を入れて15分ゆで、鶏肉は取り出してほぐしておく。ゆで汁から、しょうが、ねぎを取り出したあと、スープの材料を加え、スープを作る。
2　チンゲンサイは長めに切り、ねぎはせん切りにする。
3　鍋にお湯を沸かしてめんをゆで、ゆで上がりにもやしを加えて一緒にゆでてざるに取る。残りの湯でチンゲンサイもゆでる。
4　器にめんを入れて、1のスープを注ぎ、鶏肉、チンゲンサイ、ねぎを上に盛りつける。

中華鶏そば

中華めんは高カロリーなので少なめに使い、その分、もやしを入れてボリュームアップしました。スープも低脂肪のあっさり仕立てで。

332 kcal　10分　199円

めん　131

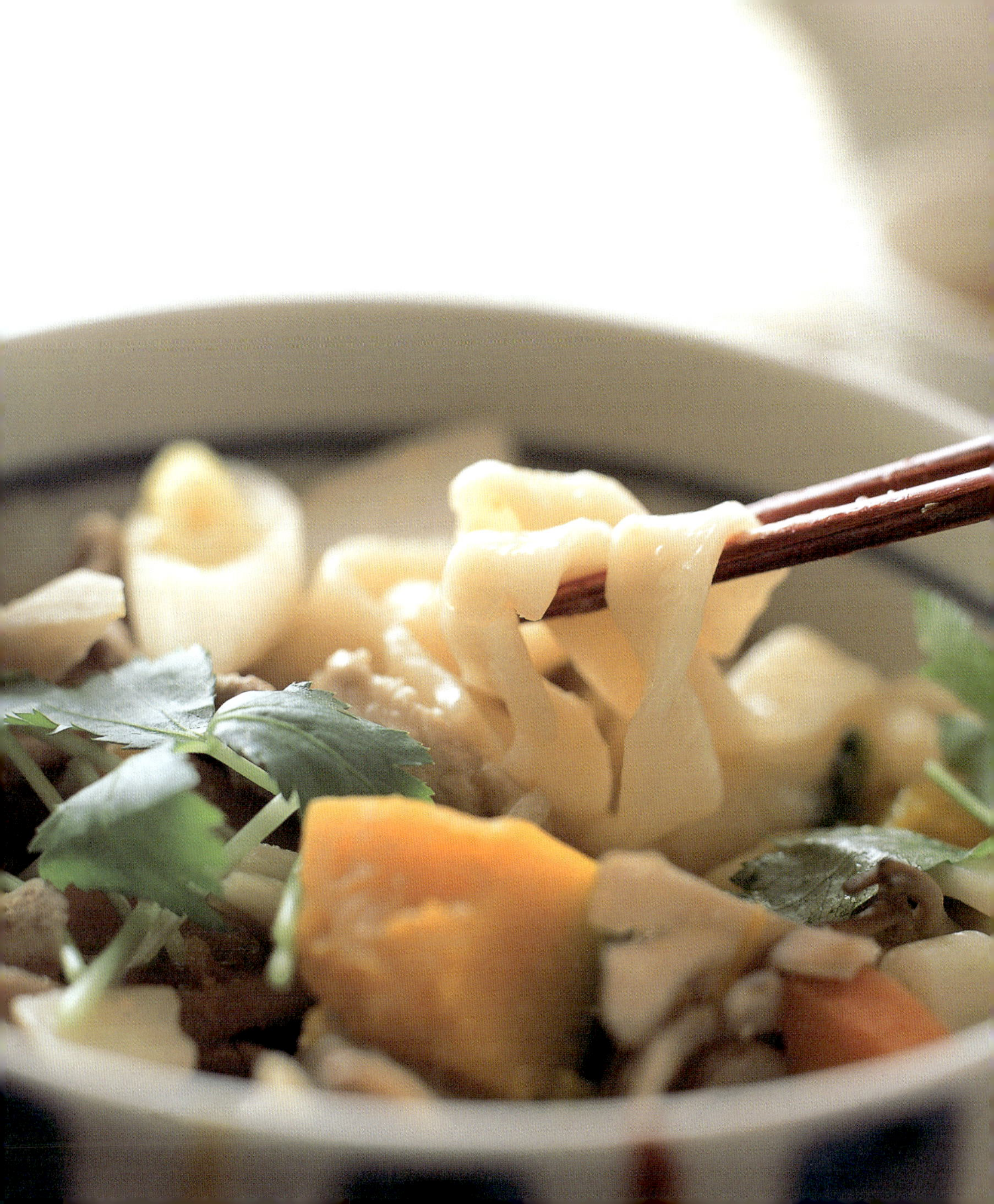

367 kcal　10分　163円

材料

ゆできしめん	160g
豚もも肉赤身薄切り	70g
かぼちゃ	40g
にんじん	20g
大根	30g
ごぼう	10g
まいたけ	30g
ねぎ	10g
だし汁	1½カップ
酒	小さじ1
みそ	大さじ1⅓
みつば	少々

ほうとう風うどん

ほうとう風に肉と野菜をたくさん入れた煮込みうどん。ここでは、きしめんを使っていますが、もちろん、ふつうのうどんでもOKです。

作り方

1　豚肉はひと口大に切る。かぼちゃは小さく角切りに、にんじんと大根はいちょう切りにする。ごぼうはささがきにして、水にさらす。まいたけは小房に分けて、ねぎは斜め薄切りにする。
2　鍋にだし汁、にんじん、大根、ごぼう、かぼちゃを入れて火にかけ、沸騰したら豚肉を入れてあくを取る。ふたをしてやわらかくなるまで煮込む。
3　2の鍋に、熱湯をかけてほぐしたきしめん、まいたけ、ねぎを加える。酒、みそを溶き入れて、さらに2〜3分煮込む。
4　器に盛り、みつばを添える。

いか、あさり、キャベツのスパゲティ

シーフードをメインに、赤とうがらしのピリッとした風味で食べるスパゲティ。キャベツをたくさん入れて、スパゲティは少なめに。

336 kcal 10分 324円

材料

- スパゲティ …………… 50g
- いか（胴）…………… 80g
- あさり ………………… 6粒（100g）
- キャベツ ……………… 1枚（100g）
- にんにく ……………… ¼片
- 赤とうがらし ………… ¼本
- オリーブオイル ……… 小さじ1
- 白ワイン ……………… 大さじ1
- 塩 ……………………… 小さじ¼
- こしょう ……………… 少々

作り方

1　いかは1cmの輪切りに、あさりはよく洗っておく。キャベツは大きめの短冊切り、にんにくは薄切り、赤とうがらしは輪切りにする。

2　フライパンに、にんにく、赤とうがらし、オリーブオイルを入れて弱火にかけ、香りが出てきたら、あさり、白ワインを入れてふたをする。あさりの口が開いたら火を止める。

3　スパゲティは塩（分量外）を入れた湯でゆでて、ゆで上がりに、いか、キャベツも加えて一緒にゆで、ざるに上げる。

4　2に3を入れて、塩、こしょうを加え、混ぜ合わせる。

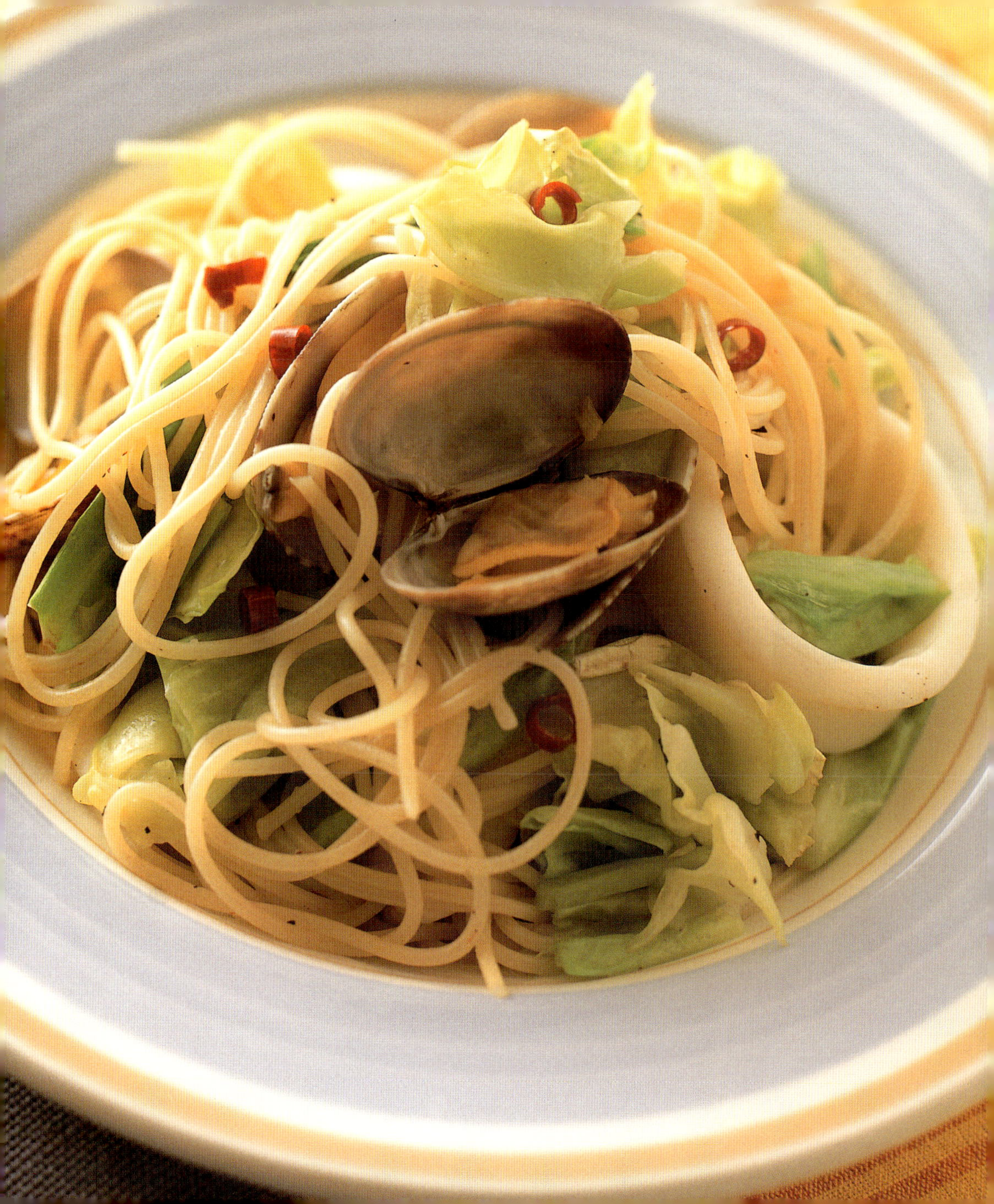

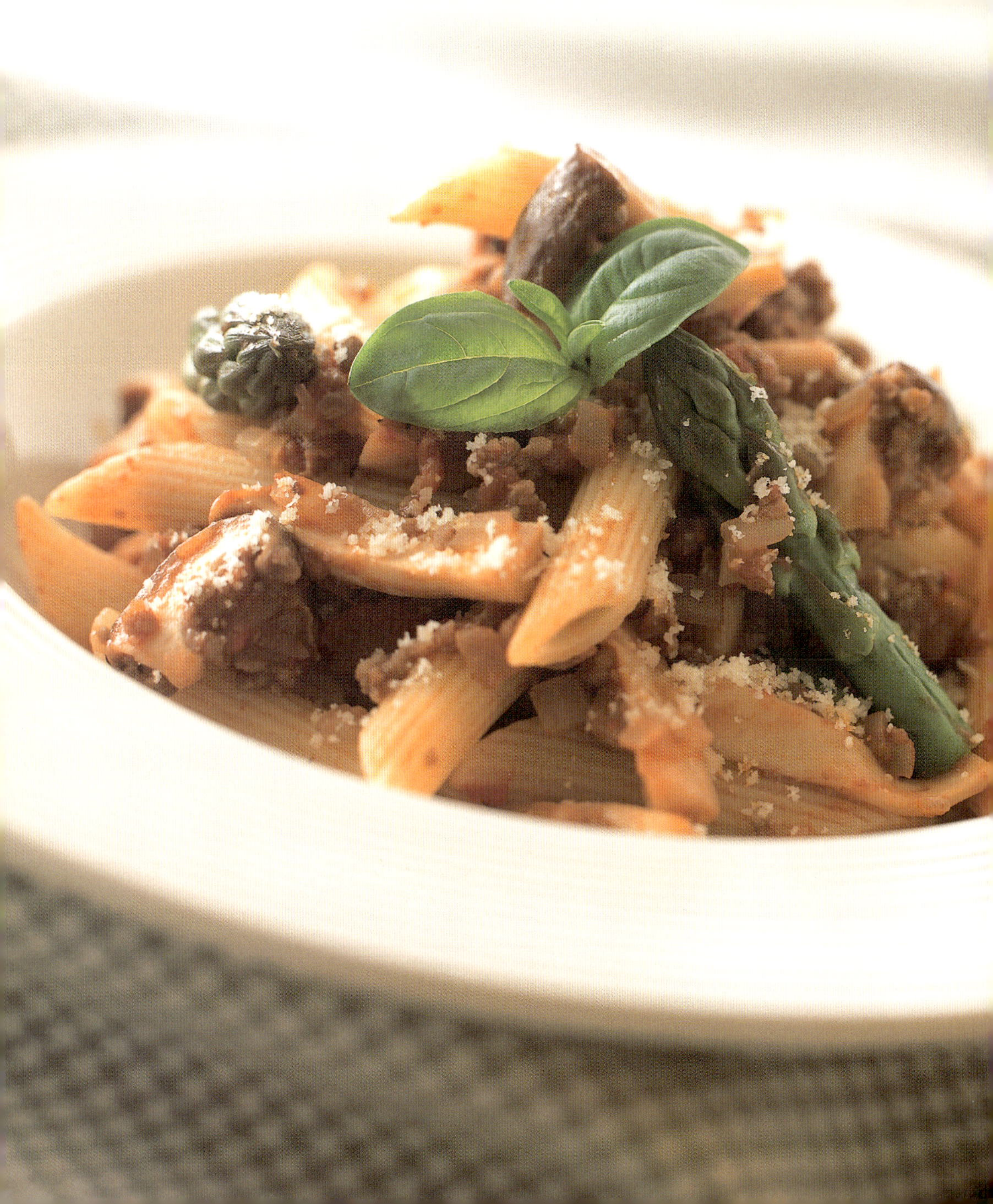

ペンネのきのこ入りミートソースあえ

378 kcal　15分　347円

パスタ類はカロリーが高いので、ノンカロリーのきのこを組み合わせています。お肉もたっぷり入って、満足感100％のメニューです。

材料

- ペンネ …………………… 50g
- 牛ひき肉 ………………… 70g
- 玉ねぎ …………………… 20g
- にんにく ………………… 1/4片
- セロリ …………………… 20g
- エリンギ ………………… 1本(40g)
- 生しいたけ ……………… 2個
- アスパラガス …………… 1 1/2本(30g)
- トマト(缶) ……………… 1/4缶(100g)
- コンソメの素 …………… 1/4個
- 塩 ………………………… 小さじ1/4
- こしょう ………………… 少々
- ローリエ ………………… 1/4枚
- バター …………………… 小さじ1
- 赤ワイン ………………… 大さじ1
- 粉チーズ ………………… 小さじ1/2
- バジル …………………… 少々

作り方

1　玉ねぎ、にんにく、セロリはみじん切り、エリンギは薄切り、生しいたけはいちょう切りにする。アスパラガスは3cm長さに切る。
2　フライパンにバター、にんにくを入れて弱火にかけ、香りが出てきたら玉ねぎ、セロリを加えて炒め、ひき肉を加えて炒め合わせる。トマト缶、コンソメの素、塩、こしょう、赤ワイン、ローリエも入れて煮立て、エリンギ、生しいたけを加えてとろりとするまで煮詰める。
3　ペンネは塩を入れたたっぷりの湯でゆでて、ゆで上がりにアスパラガスを加えてさっとゆでたら、ざるに上げる。
4　3を2に入れて混ぜ合わせ、器に盛る。粉チーズをふりかけて、バジルを飾る。

パスタ

ガーリックトースト入り シーザーサラダ

ガーリックトーストにはバターを使っていないのですが、独特の香ばしいおいしさは変わりません。ぜひ一度試してみてください。

材料

食パン(6枚切り)	1枚(60g)
にんにく	1片
レタス	大1枚(50g)
セロリ	1/3本(30g)
にんじん	10g
クレソン	10g
ベーコン	2/3枚(10g)
ドレッシング	
┌オリーブオイル	小さじ1
│塩	小さじ1/5
│こしょう	少々
│レモン汁	小さじ2
└ウスターソース	小さじ1/4
半熟卵	1個(50g)
粉チーズ	小さじ1

作り方

1　食パンはトーストして、熱いうちににんにくの切り口をこすりつけて香りをつけ、食べやすい大きさに切り分けておく。
2　レタスは手でちぎり、セロリはすじを取り、にんじんはせん切り、クレソンは葉を摘む。
3　ベーコンはせん切りにしてフライパンに入れ、火にかけて炒って脂を出してから、ペーパータオルの上にのせて、脂を切る。
4　ドレッシングの材料を混ぜ合わせておく。
5　器に、1、2、半分に切った半熟卵を盛りつけ、3を散らして、粉チーズをふり、最後に4をかける。

344 kcal　10分　133円

322 kcal　5分　382円

シュリンプベーグルサンド

マヨネーズたっぷりのベーグルサンド？　じつは、えびをあえているソースのメインはカッテージチーズ。クリーミーで、えびとの相性も抜群です。

材料

ベーグル	1個（75g）
むきえび	80g
ソース	
カッテージチーズ（クリームタイプ）	20g
マヨネーズ	小さじ1/2
塩	小さじ1/5
こしょう	少々
レモン汁	小さじ1
レタス	2/3枚（20g）
プチトマト	3個

作り方

1　ベーグルは厚みを半分に切る。
2　むきえびは背わたを取り、ゆでてさましておく。
3　ソースの材料を混ぜ合わせて、2とあえる。
4　レタスをちぎってベーグルに敷き、3の具をのせて、サンドイッチにする。器に盛り、プチトマトを添える。

おいしい
ダイエット・レシピの
秘密
3

［低カロリー料理の味気なさは「香り」でカバーしましょう］

ダイエットメニューは低脂肪なので、コクがなく味気ない料理になりがち。それを救ってくれるのが、香味野菜やスパイスなど、香りのある食材です。油のコクのかわりに、香りがおいしさを演出して、満足感をあたえてくれます。

ねぎ、にんにく、しょうが、みつば、セロリ、クレソンなど、香り高い野菜は「香味野菜」と呼ばれ、料理の風味づけに使われます。ダイエットメニューには、とくにこれらの香味野菜を積極的に利用しましょう。

それぞれ独特の風味をもっているので、低カロリー料理がグーンとおいしくなります。料理の材料に合わせて、上手に使いましょう。

香味野菜で料理を
グレードアップ

スパイスやだしで
うまみを効かせる

油のコクを補ってくれるのが、カレー粉やとうがらし、ごま、からしなどの香辛料。刺激的な味わいや芳香があるので、低脂肪メニューの物足りなさをカバーしてくれます。

また、料理にだしを効かせると、油のコクがなくてもおいしく食べられます。おかかや桜えび、じゃこなど、低カロリーでだしの出る食材を料理に活用しましょう。

ごま油や
オリーブオイルを活用

炒めものなどを作るときは、ふつうのサラダ油よりも、香りのあるごま油やオリーブオイルを使ってみましょう。少量使っても、香りがあるので、ダイエットメニューの味わいを引き立ててくれます。

ごま油やオリーブオイルは、サラダ油と比べると値段がちょっとお高め。でも、使う量が少ないので、材料費にはそれほど響きません。

ダイエット中でも甘いものが食べたいから
超ローカロリーのおやつレシピ

ダイエットしているからといって、「お菓子は絶対食べない」なんて決めてしまうと、かえって長続きしないもの。甘いものが食べたくなったら、フルーツや野菜などを使ってローカロリーのお菓子を作ってみましょう。

材料

オレンジの絞り汁	¼カップ
粉ゼラチン	½袋(2g)
[水大さじ1]	
水	¼カップ
砂糖	大さじ1強(10g)
レモン汁	大さじ½
オレンジ(薄皮をむいたもの)	小1個(100g)
マジョラム	少々

作り方

1　粉ゼラチンは大さじ1の水にふり入れてふやかしておく。
2　鍋に水、砂糖を入れて火にかけ、沸騰したら火からはずして1を入れて、溶かす。
3　鍋の粗熱を取り、オレンジの汁、レモン汁を加えて混ぜたら、最後にオレンジを入れて混ぜ合わせ、冷やし固める。
4　器に盛り、マジョラムを添える。

オレンジのフルフルゼリー

オレンジをぎゅっとしぼって、ビタミンCがいっぱいのゼリーにしてみました。フルフルとやわらかくて、さわやかな口当たりです。

107 kcal　10分　150円

92 kcal　10分　49円

りんごのカラメルソテー

カラメルの甘さとヨーグルトの酸味が口の中で溶け合います。あっという間に作れるのも、うれしいところです。

材料

りんご	¼個(50g)
バター	小さじ½
グラニュー糖	小さじ2
プレーンヨーグルト	大さじ2(30g)
ミントの葉	少々

作り方

1　りんごは薄切りにする。
2　フライパンにバターを溶かし、りんごを両面焼いたら、グラニュー糖を入れて、カラメル状になるまで炒め合わせる。
3　2を器に盛り、ヨーグルト、ミントの葉を添える。

109 kcal　10分　19円

カプチーノプリン

インスタントコーヒーとシナモンパウダーを使うだけで、カプチーノ風味のプリンが簡単に作れます。夕食のデザートにいかが。

材料

カラメルソース
- グラニュー糖 ……………… 小さじ1½
- 湯 …………………………… 小さじ½

牛乳 …………………………… 50cc
砂糖 …………………………… 10g
卵 ……………………………… 20g
インスタントコーヒー ……… 小さじ¼
［湯小さじ1］
シナモンパウダー …………… 少々

作り方

1　小鍋にグラニュー糖を入れて火にかけ、きつね色より少し濃い色になるまで焦がして湯を注ぎ、カラメルソースを作る。

2　鍋に牛乳、砂糖を入れて火にかけ、砂糖が溶けたら粗熱を取る。

3　ボウルに卵を割りほぐし、2を加えて混ぜ合わせ、湯小さじ1で溶いたインスタントコーヒー、シナモンパウダーを混ぜて、器に注ぐ。

4　蒸し器か鍋に湯を少量沸かし、3を入れて表面が白くなるまでは強火、その後は弱火にして、15分蒸す。

5　4を冷やして、1のカラメルソースをかける。

ココナッツパンプキン

カロチンの多いかぼちゃを、スイートポテト風に焼いてみました。かぼちゃの甘みとココナッツの香ばしさが何ともいえません。

材料

- かぼちゃ ………… 60g
- 砂糖 ………… 小さじ2
- ココナッツミルク ………… 小さじ2
- 卵黄 ………… 小さじ½
- ココナッツフレーク ………… 少々

作り方

1　かぼちゃはひと口大に切り、ラップに包み、電子レンジで1分加熱する。
2　かぼちゃの皮をいったん取り去り、実の部分だけボウルに入れてつぶし、砂糖、ココナッツミルク、卵黄を混ぜ合わせる。
3　皮に2をのせて、かぼちゃらしく形をととのえる。
4　3にココナッツフレークをかけて、オーブントースターで4〜5分焼く。焼いている途中にこげてしまう場合には、アルミはくを上からかぶせるとよい。

92 kcal　5分　40円

ただ体重を減らすだけなら、とても簡単なこと。
食事のカロリーを下げれば、やせることは確実です。
でも、いくらやせても、健康を害したり、
肌が荒れたりしたら、意味がありません。
ダイエットはヘルシーにきれいになるためのものです。
だから、1200kcalメニューを作るときに、
守ってほしいこと、気をつけてほしいことがあります。

きれいにやせるために、
ここに注意しましょう

1日1200kcal メニューの作り方

あなたはほんとうに1日1200kcalでOKですか?
肥満度と摂取カロリーをチェック

この本では、1日1200kcalを基本にしたダイエットメニューを紹介しています。でも、みんながみんなこの摂取カロリーである必要はありません。まず自分の肥満度をチェックして、それに合わせて適切な摂取カロリーを取るようにしましょう。

1200kcalは最低必要なカロリー

1200kcalという数字は、成人女性が生命を維持するのに1日に最低限必要なカロリー数です。これは基礎代謝量と呼ばれるもので、体を動かさなくても、呼吸したり体温を保ったりするために消費されるエネルギーを意味しています。

つまり、健康を保つためには、最低1200kcalは必要だということです。やせたいからといって、それ以下にカロリーを落とすのは、とても危険なダイエット。1日に少なくとも1200kcalは必ず取るようにしましょう。

なお、日常的に運動量が非常に多い場合、妊娠・授乳中の場合などは、1日1200kcalではエネルギーが足りないので注意してください。

標準体重を目標にダイエット

女性の中には、ぜんぜん太っていないのに、「やせたい」という気持ちが強く、ダイエットに励む人もいます。でも、必要以上にやせても、健康を害してしまうだけ。ダイエットの前に、まず自分の肥満度を確認しましょう。

肥満というのは、正確にいうと体脂肪が多いことですが、体脂肪は簡単に測定できません。そこで、ここでは自分でチェックできるBMI法の「肥満度チェック」を紹介します(右ページ参照)。BMIが25以上で「肥満」の判定が出た人は、1日のカロリー数を1200kcalに設定してダイエットを始めましょう。「肥満」には入らないものの、理想値の22をオーバーしている人は、1日1400～1600kcalくらい取ってもいいでしょう。

ダイエットの目標体重は、「標準体重」に設定するのが一般的。標準体重は、右ページで紹介しているように、BMIの理想値に基づいて算出してください。

肥満度チェック

肥満かどうかをチェックする簡単な方法としては、BMI（ボディ・マス・インデックス＝体格指数）法が一般的。BMIは下の計算式で割り出します。

$$BMI = \frac{体重(kg)}{身長(m)^2}$$

BMIの判定

BMIの数値	18.5未満	18.5～25未満	25～30未満	30～35未満	35以上
判定	やせ	正常	軽度肥満	中等度肥満	重度肥満

＊BMIの理想値は22。この数値の人が、肥満が原因の病気を最も合併しにくいというデータに基づいたもの。

標準体重の計算法

理想体重（標準体重）は身長に合わせて、BMIの理想値をもとに計算します。

$$標準体重 = 身長(m)^2 \times 22$$

例
身長160cm、体重63kgのA子さんの場合

$$BMI = 63 \div (1.6)^2 = 24.6$$

A子さんの場合はBMIが25以下なので、「肥満」ではありません。でも、理想値の22をかなり上回っており、「太め」であることがわかります。

$$標準体重 = (1.6)^2 \times 22 = 約56kg$$

A子さんの現在の体重は63kgですから、標準体重を7kgオーバーしていることになります。A子さんは1200kcalメニューで、ダイエットをスタート。6か月かけて、標準体重までやせることを目標にしています。

栄養のことを忘れては、きれいにやせられません
メニューの組み合わせ方と注意ポイント

健康でなくては、きれいにはなれません。そのためには、カロリーだけでなく、栄養のバランスも考えることが必要です。栄養が偏らないようにするために、基本的なメニューの組み合わせ方を頭に入れてから、ダイエットを始めましょう。

基本的な組み合わせ方

　ダイエットは長期間、毎日行うものですから、あまり面倒なカロリー計算が必要では長続きしません。そこで、この本では、メインディッシュ（主菜）とサブディッシュ（副菜）に主食を組み合わせるだけの簡単なシステムのダイエットを紹介しています（右ページ参照）。

　1日3食とも、この「メインディッシュ＋サブディッシュ＋主食」の3つを組み合わせるのが基本です。そうすることで、炭水化物、タンパク質、脂質、ビタミン、ミネラルなどの栄養バランスが取れるようになります。そして、3食の合計が1200kcal程度になるようにします。もちろん、おやつやドリンクなどのカロリーもすべて含めることを忘れずに。

メニューの組み合わせアレンジ

　右ページで紹介しているのは、基本的なメニューの組み合わせ方です。この組み合わせは簡単にできるうえに、栄養も十分に取れるので、ふだんはこの基本に沿ってダイエットを進めましょう。

　ただ、メニューに変化をつけたり、気分を変えたりするために、ときには基本をアレンジしてみるのも楽しいものです。

　例えば、「メインディッシュ＋サブディッシュ＋主食」がいっしょになったワンディッシュメニュー（126～139ページ）を取り入れるのもいいでしょう。一品作ればいいので、とくに時間のないときには便利です。また、サブディッシュの代わりに、汁もの（152～153ページ）をメニューに加えるという方法もあります。甘いものが好きな人は、たまには、おやつ（141～144ページ）を食べるのもいいでしょう。その場合は、主食をちょっと減らして、カロリーを調節してください。

1日のメニューの作り方

この本でダイエットを始める場合、基本的に以下のような手順で行いましょう。

---

1 メインディッシュを選ぶ

まず、8～65ページのメインディッシュから、一品を選びます。朝、昼、夜、それぞれのメインディッシュはなるべく違う材料のものを選んでください。朝が卵、昼が魚、夜が肉のメニューというように、材料が偏らないようにするのがベスト。卵料理は1日1回食べるようにしましょう。

---

2 サブディッシュを選ぶ

メインディッシュに合わせて、68～123ページのサブディッシュから1～2品くらい選びます。サブディッシュの数はカロリーによって決めてください。カロリーが低いものであれば、2～3品食べられる場合もあります。なお、1日2食以上、緑黄色野菜（＊）のサブディッシュを入れるのが理想的です。

---

3 主食を選ぶ

メインディッシュに合わせて、ごはんやパンなどの主食を選びます。主食のカロリーについては、151ページを参考にしてください。

---

4 1日に牛乳を200ml取るようにする

不足しがちなカルシウムは、牛乳で補給するのが最も簡単な方法です。1日1200kcalの中に、牛乳200mlを含めるようにしましょう。牛乳（200ml）のカロリーは、普通乳141kcal、低脂肪乳97kcal。低脂肪乳のほうがおすすめですが、料理に使う場合は普通乳のほうがおいしくできます。

（＊）おもな緑黄色野菜
グリーンアスパラガス、さやえんどう、かぶの葉、かぼちゃ、小松菜、春菊、チンゲンサイ、トマト、にら、にんじん、にんにくの茎、パセリ、ピーマン、ブロッコリー、ほうれんそう

主食は毎日、必ず取るようにしましょう
ご飯やパン、めん類はエネルギーのもと

カロリーを減らしたいからといって、ご飯やパン、めん類などの主食をカットするのは考えもの。栄養バランスを取るために、基本的に、毎食、メインディッシュとサブディッシュに主食を組み合わせて食べるようにしましょう。

主食で炭水化物を補給する

　ダイエットしている人の中には、「タンパク質やビタミンは大切だけど、炭水化物や脂質はカロリーが高いだけで栄養にならないから、なるべくカットしたほうがいい」とカン違いしている人もいるようです。そのために、主食をまったく取らなかったり、油抜きのダイエットをしたりして、健康を害してしまうケースも見られます。

　健康的にやせるためには、タンパク質やビタミン、ミネラルだけでなく、炭水化物や脂質も必ず取ることが必要です。栄養素はそれぞれ違う働きをもっているので、バランスよく取らないと健康を保つことができません。

　炭水化物は脂質とともに、重要なエネルギー源となる栄養素です。また、タンパク質の代謝を助けるためにも欠かせません。全体のカロリー調整のために、主食を少し減らしたりするのはかまいませんが、まったく食べないというのはダメ。基本的には毎食、少なくとも1日2食は主食を取るようにしましょう。

おもな主食の特徴

【ご飯】日本人の主食といえば、ご飯。どんなおかずとも合いやすく、食べごたえがあるわりには、カロリーもそんなに高くありません。おかゆにするとボリュームが増えて満腹感が得られますが、ふつうのご飯ほど腹持ちがよくありません。

【パン】いろいろな種類がありますが、中にはバターがたくさん使われていてカロリーが高いものもあります。また、バターをつけて食べると、かなりカロリーが高くなるので要注意です。フランスパンやベーグルのように、かみごたえのあるパンは、ふわふわしたパンより、ゆっくりかんで食べるので、ダイエットにはおすすめです。

【うどん・そば】うどんやそばは水分が多いので、食べる量が少なくてもボリュームのあるのが強み。ただ、すすって食べるものなので、かまずに「早食い」してしまいがち。時間をかけて、よくかんで食べるようにしましょう。なお、中華めんはカロリーが高いので、とくに量は控えめに。

【パスタ】主食の中では、カロリーが高め。メニューに取り入れるときは、野菜などと組み合わせて、控えめに食べるようにしましょう。スパゲティはスルスルッと早食いしないように注意。ペンネなどのショートパスタは中が空洞になっているので、カサが多く見えておトクです。

【シリアル】最近、朝食にシリアルを食べる人が増えてきました。調理の手間がいらず、栄養バランスがとれるのがよいところ。牛乳といっしょに食べれば、栄養的にほぼ完璧。最近は、コーンフレークだけでなく、玄米フレークや小麦フレークなど種類が豊富なので、変化のある味が楽しめます。

主食のカロリー

ここでは、主食の中から、メインディッシュとサブディッシュに組み合わせることができるものを紹介します。量は1食分の目安なので、全体のカロリーを見ながら調節してください。

[ご飯]
軽く1杯(100g)
168kcal

[おかゆ]
小どんぶり1杯(米45g)
160kcal

[食パン]
6枚切り1枚(60g)
158kcal

[バターロール]
2個(60g)
190kcal

[そば]
45g(乾燥)
155kcal

[フランスパン]
2切れ(55g)
153kcal

[そうめん]
45g(乾燥)
160kcal

[コーンフレーク]
40g
152kcal

汁ものがほしいときのおすすめメニュー
ローカロリーなのに栄養がいっぱい

31kcal　5分　30円　**小松菜とえのきのみそ汁**

[材料] 小松菜40g　えのき10g　だし汁1カップ　みそ小さじ2
[作り方] 小松菜は3〜4cm長さに切り、えのきは根元を切る。鍋にだし汁を入れて煮立て、小松菜とえのきを入れてサッと煮たら、みそを溶き入れ、ひと煮立ちさせる。

36kcal　10分　20円　**かぶのみそ汁**

[材料] かぶ½個(50g)　かぶの葉10g　だし汁1カップ　みそ小さじ2
[作り方] かぶは皮をむいて、くし形に切り、葉は3cm長さに切る。鍋にだし汁を入れて煮立て、かぶを入れてやわらかくなったら、葉を加えてサッと煮る。みそを溶き入れ、ひと煮立ちさせる。

キャベツ、わかめ、さやえんどうのみそ汁　36kcal　5分　34円

[材料] キャベツ小½枚(40g)　わかめ(戻したもの)10g　さやえんどう5枚(10g)　だし汁1カップ　みそ小さじ2
[作り方] キャベツは大きめの短冊に、わかめはひと口大に切り、さやえんどうはすじを取る。鍋にだし汁を入れて煮立て、キャベツ、さやえんどうを入れて煮たら、わかめを加え、みそを溶き入れて、ひと煮立ちさせる。

みそ汁やすまし汁、スープなどの汁ものを加えると、メニューに変化がつきます。また、汁ものは水分が多いので、満腹感が得られるというメリットも見逃せません。ここでは、サブディッシュの代わりになる具だくさんの汁ものを紹介します。

[本文で紹介している汁もの]
目玉焼き入りキャベツとベーコンのスープ 50ページ
かぼちゃのカレーミルクスープ 72ページ
キャベツと卵のスワンラータン 76ページ
きのこたっぷりけんちん汁 108ページ
わかめと牛肉のスープ 118ページ

しいたけと菜の花のすまし汁　13kcal　5分　63円

[材料] 生しいたけ1枚　菜の花3本(30g)　だし汁1カップ　塩小さじ1/5　しょうゆ小さじ1/4
[作り方] 生しいたけはいちょう切りに、菜の花はサッとゆでて2cm長さに切る。鍋にだし汁を入れて煮立て、生しいたけを入れてサッと煮てから、塩、しょうゆ、菜の花を加えて、ひと煮立ちさせる。

豆腐とみつばのすまし汁　19kcal　5分　13円

[材料] 絹ごし豆腐30g　みつば少々　だし汁1カップ　塩小さじ1/5　しょうゆ小さじ1/4
[作り方] 豆腐は角切りにし、みつばは3cm長さに切る。鍋にだし汁を入れて煮立て、塩、しょうゆで調味したら、豆腐を入れてサッと煮て、みつばを加える。

マッシュルームとトマトのスープ　14kcal　5分　100円

[材料] マッシュルーム2個(20g)　トマト小1/2個(50g)　パセリ少々　コンソメの素1/4個　水1カップ　塩小さじ1/5　こしょう少々
[作り方] マッシュルームは薄切り、トマトは角切りにする。鍋に水とコンソメの素を入れて煮立て、マッシュルームとトマトを加えて煮たら、塩、こしょうで調味し、パセリを加える。

玉ねぎとコーンのスープ　25kcal　5分　15円

[材料] 玉ねぎ30g　コーン10g　にんじん5g　コンソメの素1/4個　水1カップ　塩小さじ1/5　こしょう少々
[作り方] 玉ねぎ、にんじんはせん切りにし、コーンはサッと洗う。鍋に水とコンソメの素を入れて煮立て、玉ねぎ、コーン、にんじんを加えて煮たら、塩、こしょうで調味する。

困ったときのダイエット Q&A
ダイエットを長続きさせるために

実際にダイエットを始めると、いろいろな問題にぶつかります。「カロリーを取り過ぎてしまった！」「体重がぜんぜん減らない」「レシピどおりに作れない」などなど、ダイエットを進めていくうえで感じる疑問にお答えします。

Q スナックをつい食べ過ぎてしまった…

ダイエット中はスナックを食べないほうがいいことはわかっていても、それでも誘惑に負けてしまうことはあります。ちょっとスナックをつまむつもりが、気がつけば袋が空に…。そんなとき、「もう、これでダイエットに失敗した」と思い込んで、挫折してしまわないようにしましょう。

スナックに限らず、現実にはダイエットのルールを厳密に守れないことはよくあること。そんなときは、過ぎてしまったことを悔やむより、どうカバーするか考えましょう。

カロリーは、朝食、昼食、夕食の1日単位で設定してダイエットを進めますが、これはあくまで便宜的なもの。カロリーを取り過ぎてしまったときは、1日単位で考えず、翌日以降の食事でうまく帳尻を合わせるようにします。例えば200kcalオーバーしたら、翌日は主食を中心に控えめにして、前日に取り過ぎた分をカバーしましょう。

Q 野菜の代わりにくだものでもOK？

くだものにはたしかにビタミンやミネラルが多く含まれていますが、野菜に多いカロチンはほとんど含まれていません。カロチンは体内でビタミンAに変わる大切な栄養素。ですから、くだもので野菜の代わりにはなりません。ビタミンやミネラル、食物繊維を補給するためには、低カロリー

でこれらの栄養素を多量に含む野菜を取るのが一番です。

また、くだものには果糖が多く含まれているので、かなりの高カロリー。食べ過ぎるとカロリーオーバーになるので気をつけましょう。食べたいときには、おやつ代わりに、りんご半個程度を食べるようにするといいでしょう。

Q 外食が多くてダイエットできない

外食は高脂肪で高カロリーのものが多いので、ダイエット中は要注意です。でも、仕事の関係などで、やむを得ず外食が多くなる場合もあります。そんなときは、焼き魚定食、うどんやそばなど、低カロリーのメニューを選ぶこと。また、外食の場合は、ご飯の量が多めなので、全部食べないで残すようにします。

なお、最近は、昼食にコンビニでお弁当やお総菜を買う人が増えています。この場合も、高脂肪のものは避け、野菜や海藻のおかずなど低カロリーのものを選びましょう。ただし、マヨネーズであえてあるサラダは高カロリーです。ドレッシングが別に添えてあるものを選び、少なめに使うようにしましょう。

Q お酒のつきあいがあるときはどうする？

ダイエット中にお酒はタブーです。アルコールはカロリーが高いのに、栄養はないというやっかいな食品です。1200kcalダイエットの場合、アルコールでカロリーを取ってしまうと、食事を減らさざるを得ないので、栄養不足になってしまいます。

また、お酒を飲むと自制心がゆるみ、「ダイエットなんかもうやめた」などということにもなりがち。お酒は食欲を増進させるので、食べ過ぎにもつながりやすくなります。

つきあいでお酒の席に行く場合は、低カロリーのつまみを食べるようにして、お酒は控えたいもの。最初に、少しお酒をつきあって、あとはさりげなく飲まないようにするといいでしょう。

とはいえ、お酒をすすめられてつい飲んでしまったなどということもあるかもしれません。そんなときは、翌日の食事を軽めにして調整するようにしましょう。

Q 朝食を取る時間がなかったときは？

寝坊して食事の時間がなかったとき、休日は朝昼兼用のブランチにしたいときなど、1日2食になった場合は、1食抜いた分の栄養を2食でカバーする必要があります。とくに1日2食になると、野菜不足になりやすいので、気をつけたいものです。野菜のサブディッシュだけでなく、メインディッシュも野菜を多く使ったメニューを選ぶといいでしょう。

また、1日2食ということは、それだけ食事と食事の間があくということ。そのため、空腹感が強くなって、かえって食べ過ぎてしまうことがあります。できるだけ、1日3食の基本は守るようにしたいものです。どうしても1食抜かざるを得ないときは、牛乳を飲んだりして、空腹をまぎらわせるようにするといいでしょう。

Q ダイエットしてるのにあまりやせない

1日の摂取カロリーを1200kcalに抑えれば、一般的には、やせないということはまず考えられません。もちろん、1～2週間では効果があらわれませんが、1か月くらい続ければ、1～2kgやせるのがふつうです。

1か月ほどダイエットしてみて、体重がほとんど減らないという場合は、食事の内容を詳しくチェックしてみましょう。見落としているカロリーはありませんか。食べものには気をつけていても、意外に飲みものなどでカロリーを取っていること

も多いものです。

　また、食事の材料を目分量ではかっている人は、多めに使っていないかどうか、よくチェックしてみましょう。とくに油は1gで9kcal強もあります。量としては少しの違いでも、カロリーがかなり違ってくるので、できるだけ計量スプーンを使うようにしたいものです。

❓ 運動はしなくてもやせられる?

　1200kcalという数字は、ほぼ1日の基礎代謝量（146ページ参照）なので、基本的には運動をしなくてもやせられます。ただし、運動をしないと基礎代謝が低くなるので、やせにくく太りやすい体質になってしまいます。効率的にやせるためには、ダイエットと運動の2本立てがおすすめです。

　運動といっても、特別にスポーツをする必要はなく、ウオーキングなどの軽いものでかまいません。ダイエットを始めたら、1日に30分くらい速足で歩くようにするといいでしょう。背筋を伸ばし、歩幅を広くしてさっそうと歩くようにしてください。ウオーキングのような軽い運動の場合、消費するカロリーはそんなに多くないのですが、基礎代謝を高め、太りにくい体質をつくるのに効果があります。

❓ ドリンク類で飲んでもいいものは?

　飲みものがほしくなったときは、ほぼノンカロリーの日本茶や麦茶、ウーロン茶なら問題ありません。コーヒーや紅茶もほとんどカロリーはありませんが、砂糖やクリームを入れるとカロリーが高くなります。

　コーヒーや紅茶は砂糖やクリームなしではおいしくないと思っている人も、しばらく砂糖やクリームを入れないで飲んでみてください。慣れてくると、コーヒーや紅茶の本来の味がわかってきて、意外においしく飲めるようになります。

　清涼飲料水はカロリーの高いものが多いので、ダイエット中は避けたほうがいいでしょう。最近

紅茶
（砂糖、ミルクなし）
200ml
2kcal

トマトジュース
200ml
35kcal

コーヒー
（砂糖、ミルクなし）
200ml
8kcal

カフェオレ
コーヒー100ml＋
牛乳100ml
（砂糖なし）
74kcal

パン・メニューに合う飲みもの

朝はパンという人も多いと思いますが、飲みものはどうしていますか。牛乳をそのまま飲むのがいちばん簡単ですが、カフェオレにしてもおいしいもの。コーヒーや紅茶の場合は、砂糖・クリームを入れないのがベストです。また、朝はさわやかにオレンジジュースという人もいるかもしれませんが、くだもののジュースは甘みが強く高カロリー。ジュースにするならトマトジュースがおすすめです。

は、ほとんどの飲料にカロリーが表示してありますが、100ml 当たりのカロリーなので要注意。100ml当たり20kcalしかなくても、1缶（350ml）飲めば70kcal、500ml入りのペットボトルなら100kcalにもなってしまいます。

Q ダイエットを始めてから便秘になった

　ダイエットをすると、食事の量が少なくなるうえ、脂肪の摂取量も減るので、便秘になりがちです。ダイエット中はとくに野菜や海藻、きのこなど、食物繊維が豊富な食品を取るように心がけましょう。食物繊維は消化されないので、便の量を増やして腸の働きを活発にするのに効果的です。

　この本では、サブディッシュの項に、食物繊維の多い野菜などをメインにしたメニューがのっています。メインディッシュの中にも、野菜を多く使ったものを紹介しているので、それらのメニューをできるだけ取り入れるようにしてください。

　便秘解消のためには、適度な運動も大切。また、毎日、決まった時間にトイレに行く習慣をつけるのも、便通をスムーズにするのに役立ちます。

Q 甘いものがどうしてもやめられない…

　お酒と同じように、甘いお菓子はカロリーが高いのに、栄養の補給にはほとんど役立ちません。ダイエット中は甘いものを避けるのが基本ですが、それがストレスになって、ダイエットに挫折してしまったのでは元も子もありません。

　甘いものがほしくなったときは、まず、くだものを食べてみましょう。くだものはかなり甘みが強いので、それで満足できる場合もあるはずです。80kcalを目安に、りんご大½個強（150g）、バナナ1本（90g）、オレンジ小1½個（200g）程度を食べるようにするといいでしょう。

　それでも、お菓子が食べたいときは、141～144ページで紹介している超ローカロリーのおやつを試してください。カロリーが低いのに甘みがあるので、甘党の人でも満足できるはずです。

Q 揚げものが大好きなのですが…

　揚げものは当然、高カロリーですから、ダイエット中は避けるに越したことはありません。でも、あまり「これもダメ、あれもダメ」のダイエットでは長続きしません。この本でも、揚げものメニューを少し紹介しています。

　ダイエット中に揚げものを食べる場合は、まず調理の段階で注意が必要です。揚げものは衣が厚いほど油を吸い込むので、から揚げにするのがベスト。また、油の温度が低いと、揚げるのに時間がかかってしまい、その間に油を吸い込んでしまいます。適温の油で、からりと揚げるように気をつけましょう。

　なお、揚げものを食べる場合は、ほかの料理はなるべく油を使っていないものを組み合わせてください。

Q レシピの材料がそろわないときは？

　この本で紹介しているレシピでは、一般に入手しやすい材料を使っています。それでも、材料が手に入らないときは、それと似たもので代用してください。その場合、栄養やカロリーが同じようなものを選んでください。

　たとえば、ほうれんそうの代わりには、同じ緑黄色野菜の小松菜やチンゲンサイ、春菊などを使います。えび→いか、さんま→いわしと置き換えてもいいでしょう。

　肉を使ったメインディッシュの場合は、たとえば牛肉と豚肉、豚肉と鶏肉を入れ替えたりしても、おいしく食べられるメニューがたくさんあります。ただ、肉の場合、脂身のついたものと赤身ではカロリーが大きく違ってくるので、部位の選び方には注意してください。

カロリー・インデックス

この本で取り上げているレシピを、カロリーの低い順に列記しています。
メニュー作りの参考にしてください。

サブディッシュ&汁もの

- 9kcal きゅうりのからしあえ 79
- 10kcal きゅうりの梅おかかあえ 79
- 10kcal きゅうりのレンジピクルス 80
- 13kcal しいたけと菜の花のすまし汁 153
- 14kcal マッシュルームとトマトのスープ 153
- 15kcal きゅうりのザーサイあえ 79
- 19kcal 豆腐とみつばのすまし汁 153
- 22kcal アスパラガスとわかめのしょうが風味煮 70
- 25kcal 玉ねぎとコーンのスープ 153
- 27kcal もやしのメンマあえ 107
- 30kcal 春菊とレタスの和風サラダ 84
- 31kcal 小松菜とえのきのみそ汁 152
- 36kcal かぶのみそ汁 152
- 36kcal キャベツ、わかめ、さやえんどうのみそ汁 152
- 36kcal しめじとかぶのスープ煮 111
- 38kcal しらたきと万能ねぎのおかか炒め 117
- 39kcal きゅうりとほたて缶の三杯酢あえ 78
- 40kcal ブロッコリーとアンチョビのガーリック蒸し煮 100
- 43kcal アスパラガスのチーズ焼き 68
- 43kcal キャベツとちくわの煮びたし 75
- 44kcal ひじきの中華漬け 121
- 45kcal きのこたっぷりけんちん汁 108
- 45kcal ほうれんそうとコーンのおろしあえ 104
- 46kcal キャベツのナムル 74
- 50kcal わかめと牛肉のスープ 118
- 51kcal じゃがいものめんたいこあえ 114
- 52kcal こんにゃくとピーマンのきんぴら 116
- 52kcal ブロッコリーのごまからしあえ 102
- 52kcal わかめ、たこ、きゅうりのにんにく酢あえ 120
- 53kcal プチトマトのガーリック炒め 90
- 56kcal 大根と桜えびのねぎ炒め 87
- 56kcal ピーマンと油揚げの炒め煮 99
- 59kcal 大根のかにあんかけ 86
- 59kcal トマトと玉ねぎのサラダ 88
- 62kcal にんじんとさやえんどうのケチャップ炒め 95
- 62kcal もやしとウィンナのカレー炒め 106
- 64kcal ごぼうとじゃこの煮物 82
- 65kcal きのこのトマトチーズ焼き 110
- 65kcal 焼きなすのエスニック風サラダ 91
- 69kcal キャベツと卵のスワンラータン 76
- 70kcal ほうれんそうのピーナッツ酢みそかけ 103
- 71kcal 白菜とささ身のごまサラダ 98
- 73kcal 冷凍野菜ミックスのホットサラダ 122
- 74kcal かぼちゃとセロリのおかか炒め 71
- 74kcal にんじんとグレープフルーツのサラダ 94
- 78kcal 白菜とえびのミルク煮 96
- 82kcal ごぼうのソース炒め 81
- 87kcal かぼちゃのカレーミルクスープ 72
- 87kcal 春菊と豆腐のザーサイあえ 85
- 88kcal さつまいもとあんずの甘煮 112
- 89kcal ごま風味レンジポテト 113
- 90kcal カポナータ 92

おやつ

- 92kcal ココナッツパンプキン 144
- 92kcal りんごのカラメルソテー 142
- 107kcal オレンジのフルフルゼリー 142
- 109kcal カプチーノプリン 143

メインディッシュ

- 122kcal あんかけ茶わん蒸し 54
- 125kcal えびだんごのせ豆腐蒸し 44
- 126kcal エスニック焼きとり 20
- 130kcal イタリア風冷ややっこ 60
- 132kcal まぐろと水菜のサラダ 40
- 133kcal 鶏肉とカリフラワーのカレー煮 22
- 137kcal 鶏肉とチンゲンサイの塩炒め 26
- 139kcal あじの野菜巻き焼き 30
- 139kcal トマト目玉焼き 53
- 146kcal 豆腐のソテーなめこあんかけ 58
- 150kcal たらとあさりのアクアパッツァ 38
- 151kcal 目玉焼き入りキャベツとベーコンのスープ 50
- 153kcal 牛肉の香味焼きレタス包み 10
- 153kcal まぐろのたたきカルパッチョ風 41
- 154kcal 豚肉とキャベツの重ね煮 15
- 155kcal しいたけシューマイ 14
- 155kcal 豆腐とコーンの塩昆布炒め 62
- 156kcal 牛肉と水菜のハリハリ鍋 11
- 159kcal 牛肉とトマトのオイスターソース炒め 8
- 160kcal 豆腐の落とし焼き 59
- 160kcal 鶏だんご入りポトフ 27
- 163kcal 青菜とさけフレーク入り卵焼き 48
- 163kcal さけときのこのシチュー 33
- 165kcal ハムとじゃがいものせん切り炒め 28
- 167kcal 豆腐チャンプルー 56
- 168kcal ほうれんそうと油揚げの卵とじ 52
- 173kcal 豚ヒレ肉のソテー、オレンジソース 18
- 175kcal あさりとねぎのチーズ炒め 46
- 175kcal チキンのガーリックソテーサラダ 24
- 177kcal さけとブロッコリーのピリ辛あん炒め 32
- 178kcal さばのねぎみそ煮 34
- 178kcal 豚肉のトマト南蛮漬け 16
- 179kcal 豚肉のピーナッツバター炒め 19
- 183kcal いかとセロリ、アスパラガスのチリソース炒め 42
- 186kcal 豚肉とにんにくの茎のキムチ炒め 12
- 187kcal 焼き生揚げのバンバンジーソースかけ 63
- 192kcal ささ身のきのこ巻き揚げ 23
- 193kcal 納豆入り生春巻き 64
- 197kcal さんまの塩焼き、梅じそおろしかけ 36
- 199kcal さんまと切り昆布のしょうが煮 37

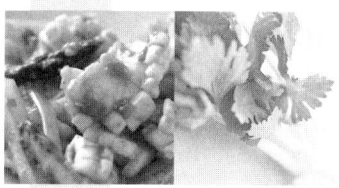

ワンディッシュメニュー

- 322kcal シュリンプベーグルサンド 139
- 332kcal 中華鶏そば 131
- 335kcal ドライカレー風かけご飯 128
- 336kcal いか、あさり、キャベツのスパゲティ 134
- 344kcal ガーリックトースト入りシーザーサラダ 138
- 361kcal ほたてとブロッコリーのトマトチャーハン 130
- 367kcal ほうとう風うどん 132
- 378kcal ペンネのきのこ入りミートソースあえ 136
- 385kcal お刺し身サラダちらし 126

- ●撮影／栗城義行(アズ・ライフ)
- ●スタイリング／東 京二郎(アズ・ライフ)
- ●装丁・本文デザイン／金倉デザインルーム
- ●料理アシスタント／長崎紀子 皆川ひろみ
- ●構成・編集／株式会社フロンテア

撮影協力
- ●轟 真弓(アズ・ライフ)
- ●アクタス
東京都新宿区新宿2-19-1 BYGSビル1F・2F
TEL 03-5269-3207
- ●オレンジハウス目黒店
東京都品川区上大崎2-12-2
TEL 03-3449-2773
- ●キチネリア(ミレニアム・ジャパン)
東京都渋谷区猿楽町3-7 木下ビル5F
TEL03-3780-6188
- ●T.C/タイムレスコンフォート
東京都目黒区自由が丘2-9-11 自由が丘八幸ビル
TEL 03-5701-5271
- ●ピア・ワン自由が丘店
東京都目黒区自由が丘2-17-8
TEL 03-5701-1791
- ●東花風
東京都豊島区池袋2-18-2
TEL 03-3986-7030
- ●ザ・セノゾイック自由が丘店
東京都目黒区自由が丘2-10-20 弥生ビル1F
TEL 03-5701-0221

おいしい！やせるレシピ105

著者　岩崎啓子
発行者　永岡修一
発行所　株式会社永岡書店

〒176-8518　東京都練馬区豊玉上1-7-14
TEL 03-3992-5155（代表）
TEL 03-3992-7191（編集）

印刷　横山印刷
製本　ヤマナカ製本

ISBN4-522-41139-1 C0076
落丁本・乱丁本はお取り替えいたします④